大名の「定年後」

江戸の物見遊山

青木宏一郎

中央公論新社

はじめに

日本人の高齢化は進み、六十五歳以上（定年後と想定）が占める割合は、人口全体の約29%（2020年）を占めるようになった。そのうち75%の人は、第二の人生を始めようとしているか、すでに始めている。では、定年後に何をしたいかと尋ねると、「旅行」が最も多い（「シニアの生活意識調査」ソニー生命保険）。旅行が人気な理由は、お金が無ければ無いなりに、あればあるなりに、好きな場所に、無理せずに行けるからであろう。一人でも楽しめるし、仲間がいれば和気あいあいと、新たな出会いがあるかもしれず、逆に誰とも話さないことだってできる。旅を楽しむのに一番必要なのは何か。健康であれば何も要らないとまで言えそうだ。

そして、定年後の旅の極意は、多くを望まないことと、無理をしないことである。それは江戸時代から変わらないことで、隠居（定年）後に記された日記や書を見れば一目瞭然である。たとえば、『江戸近郊道しるべ』（村尾《むらお》嘉陵《かりょう》）がある。筆者は下級武士（広敷用人《ひろしきようにん》）で、四十七歳で隠居し、暇を見ては早朝から出かけて目一杯歩いた物見遊山の記録である。また、江戸市中および近郊を訪ね歩き、興味深い話を綴った『宴遊日記《えんゆう》』（柳沢信鴻《やなぎさわのぶとき》）がある。筆者は、四十九歳で隠居した大名（大和国郡山藩《やまとのくにこおりやま》。現在の奈良県郡山市）で、村尾より遥かに多くの物見遊山をしている。それも、大名という元の身分（役職）に囚われることなく、自然体で行動している。そこで、本書では『宴遊日記』から、柳沢信鴻の物見遊山の楽しみを紹介したい。

柳沢信鴻は、五代将軍綱吉《つなよし》のお側用人《そばようにん》・柳沢吉保《やなぎさわよしやす》の孫にあたる人物である。日記は、大名を隠居した後、六義園《りくぎえん》に住み、江戸市中を歩き回り、その情景を観察したものである。時は、安永《あんえい》二年から天明《てんめい》四年までの十二年間、十八世紀の後期（1773～1784年）の記録である。

この時代は、天明年間に天明の大飢饉という国難に見舞われたが、安永年間は比較的平穏であった。特に江戸は、流行り病や大水、浅間山噴火などの災害はあったものの、庶民生活が激変することのない恵まれた時代であったといえる。

それは、江戸の多数を占める庶民が、貧しいながらも庶民ならではの遊びを楽しみ、それなりの生活を営むことができたからである。庶民にとって、食べることの次に求めるのは、遊びであり、生きがいである。それまで遊楽は、武士や裕福な町民などのものであり、庶民はそれに憧れていた。それが十八世紀半ば頃から、開帳《かいちょう》、見世物、富籤《とみくじ》、祭、相撲など、庶民性の強い遊びが盛んになった。

信鴻の日記には、この過渡的な社会の様子が記されている。武家の女性が浅草など、庶民が

図1　浅草 雷門前

集まる場所のあちこちに見られたこと。元大名である信鴻が茶店の常連で、そこの婆との遣り取りに身分関係があまり感じられないこと。また、農家の妻が庭で機織《はたお》りをする横で着替えをする様子など。庶民と武家が入り交じる巷の風景を、四季折々の姿で日記に残している。その舞台は、『江戸名所図会《えどめいしょずえ》』や錦絵などに描かれた、浅草《あさくさ》、吉原《よしわら》、上野《うえの》、湯島《ゆしま》、両国《りょうごく》・亀戸《かめいど》、飛鳥山《あすかやま》、護国寺《ごこくじ》・鬼子母神《きしもじん》、芝居町《しばいまち》であり、庶民の遊び場全域にわたる。当時、どのような場所でどのような人たちが、いかにして遊んでいたかが、信鴻の目を通して記されているのだ。

なかでも、注目されるのは混雑状況の観察である。「人叢夥し」「人叢分かたく」「人叢甚多し」「大群集也」「大熱鬧」「賑ハし」「混雑」などといった記述から、その場所の人気度合い、利用実態が把握できる。これは、これまでの江戸関連の資料にはなかったもので、もっと評価して良いものである。

また、記された情報の正確さと迅速さでも評価できる。一例として、安永五年二月十八日の日記に、「松屋へ明日　市村栈敷申遣し、明後日ならてハなき由いふゆへ　和水へ栈敷の事たのみつかハす（略）夜五頃　和水返事、市村もめ合有て　明日出来かたき由申来」とある。信鴻は、明日、市村座で観劇しようと、芝居茶屋・松屋へ申し遣わした。ところが、明後日以後なら栈敷《さじき》が取れるとのことで、その申し込みと理由（もめ合）を使者（和水）から聞いた。なぜ明後日になったのか。信鴻は、原因となったもめ合いの詳細を聞いたにもかかわらず、それを日記に書いていない。『半日閑話《はんにちかんわ》』によれば、そのもめ合いとは、某大藩の奥方の市村座予約栈敷が手違いでとれておらず、その責任をとり、芝居茶屋の二階で、家老が割腹を図った。そのため、市村座は、当日正午で閉場したとのことである。

このように、信鴻の日記は、実に信頼できるものである。また、地震や火災に関する記載、喧嘩や盗難などの犯罪にも触れており、当時の生々しい社会情況が見えてくる。その文章は、信鴻の庶民を眺めるおおらかな眼差しを通じて、江戸の町ならではの雰囲気を伝えている。特に、物見遊山における巷での観察は、第一級の史料と言える。

『宴遊日記』は、『日本庶民文化史料集成 第13巻』（芸能史研究会編・三一書房刊行）に所収されたものを使用している。

日記文の記載は、原則としてそのまま表示し、割書きを〔 〕、著者注を（ ）、元文中の注を｛ ｝で示す。

なお、句読点のない長文は、空白を入れ読みやすくした。

日記の数字は漢数字で表記され、明治以降の年号は算用数字にて示す。

目次

大名の「定年後」　江戸の物見遊山

第一章

江戸の物見遊山

物見遊山とは

「物見遊山」という言葉は、最近あまり使われなくなった。二十一世紀になってからは、若い人に言っても通じないことが多々あり、そのうち忘れられてしまうのではと感じる。

そこで辞書を引くと、「気晴らしに見物や遊びに出かけること」、「見物して歩くこと」などとある。気軽に遊覧や行楽をする時に使われ、「漫遊（気の向くままに訪ねまわる）」と同じようである。さらには、「物見遊山に来たのではない」などの使い方で、否定的な印象を与えることが少なくない。

物見遊山は、「物見」と「遊山」からなる四字熟語である。この言葉は、わかっているような気がするものの、実は曖昧な言葉である。そこで、それぞれの言葉を、語源に分けて見ることにする。

「物見」とは、戦国時代には、探査や監視をする意味に使われていた。それが、見物・見学などの意味も加わり、今日にいたっている。「遊山」は、その読み方で意味が異なるとされ、「ゆうざん」と読めば、野山で遊ぶことであり、「ゆさん」と読めば、行楽することを指すらしい。

なお、遊山は禅宗の言葉で仏教語とされ、山（寺）から山（寺）へと修行遍歴する旅（自由に歩き回る）を語源とされている。

この物見と遊山を合わせた四字熟語、物見遊山の意は近年さらに曖昧になっている。しかし、物見遊山の初見を探すと、『虎寛本《とらひろぼん》狂言《きょうげん》・茫々頭《ぼうぼうがしら》（室町末～近世初）』に、「天下治り、めでたい御代で御座れば、物見遊山のと申て、都は殊之外賑な事で御ざる」とある。諸説あるものの、物見遊山が定着したのは江戸時代とされている。

物見遊山が江戸庶民に広く浸透するのは、十九世紀に入ってからである。文化《ぶんか》元（１８０４）年に向島百花園《むこうじまひゃっかえん》が開園しているように、物見遊山の気運はそれより先に高まっていた。庶民の要望を受けるように、『東都近郊図《とうときんこうず》〔文政《ぶんせい》八（１８２５）年、仲田惟善《なかだこれよし》作〕』が刊行された。その後、『東都花暦名所案内《とうとはなごよみめいしょあんない》〔文政十（１８２７）年〕』が、花暦一覧を加えて刊行された。そして天保《てんぽう》五（１８３４）年・天保七（１８３６）年、挿絵と解説付きで江戸近郊を含めての名所を紹介した『江戸名所図会』が刊行される。

庶民が遊びに熱中し始めるのは、それよりもう少し早い十八世紀後期からだろう。その兆しが、江戸で生まれた人が、「江戸言葉」という独自の言葉を使い、京・大坂とは趣の違う都市生活を営むようになったことだ。そうした江戸言葉を反映した「江戸小咄《えどこばなし》」という、江戸好みの軽妙洒脱な味わいと、簡潔を特徴とする寸話的な話が数多くつくられ、全盛となる。また、「江戸っ子」という、自らの自負から生まれた言葉も使われるようになった。「江戸っ子」という言葉が川柳集「柳《やなぎ》多留《だる》」に登場したのは安永六（1777）年のことで、その背景には自分たちが江戸の町に暮らす住民の主役だと自負し始めたことがあるのであろう。

それまでの庶民の遊びといえば、裕福な町人や武士たちがやっていることを真似するというパターンが多かった。舟遊びや花火、吉原や歌舞伎にしても、当初は武士が圧倒的に多かった。

図２　向島百花園

やがて武士の遊びに憧れて、町人が次々に参入。金の力にまかせて、自分たちの楽しみにしたのである。

それが十八世紀半ばになると、町人、それも下層庶民がおもしろがる見世物や遊びが次々に登場した。たとえば、女相撲、達磨男の曲芸、熊女、一寸法師など、一種いかがわしい見世物

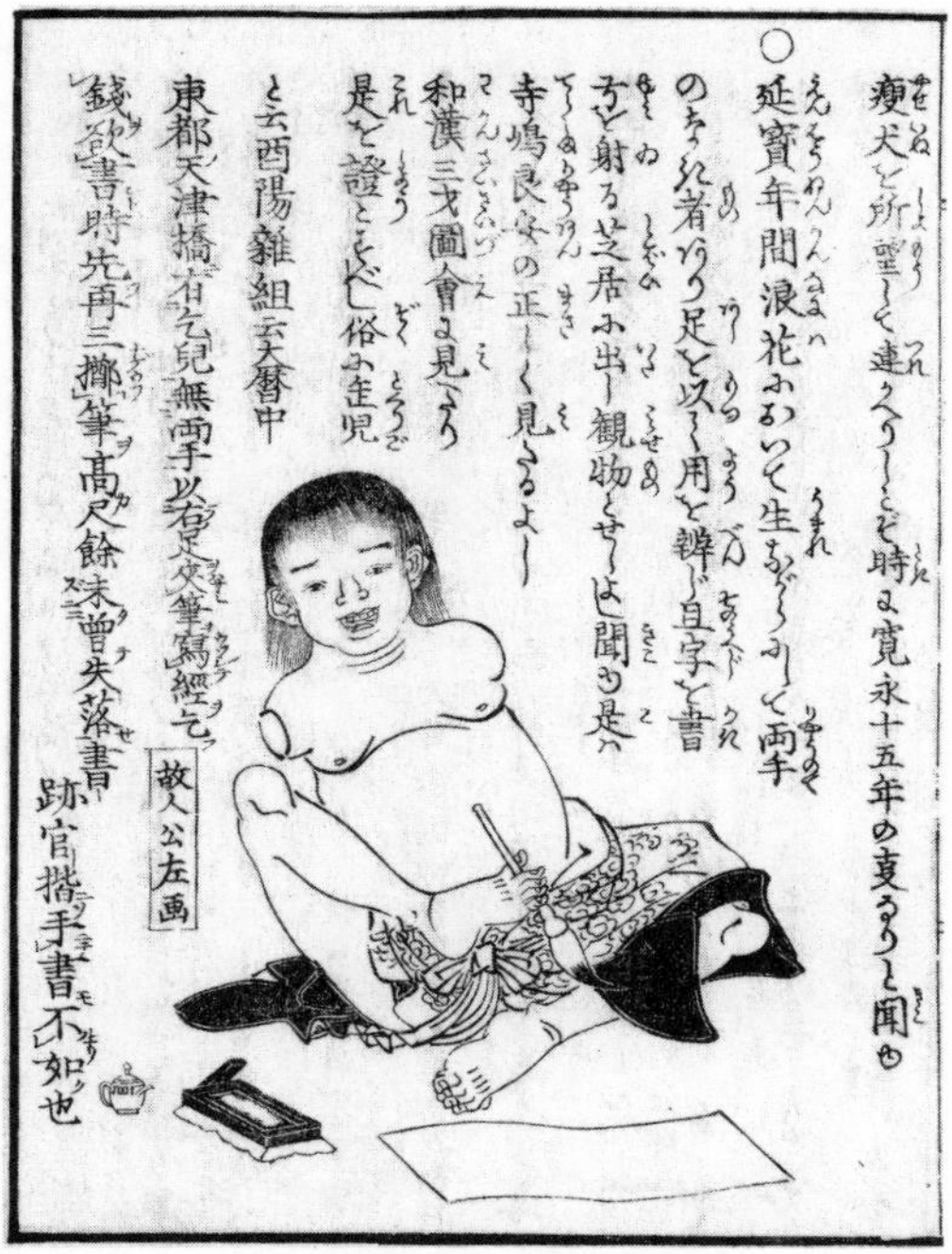

図３　見世物の徳利児

を見物したり、茶屋で評判の娘をからかったりと、まともな武士は、内心では興味があっても敬遠するようなものである。

安永年間（1772~1781年）に入ると、庶民の好奇心はさらに高まり、見世物や開帳などを求めて歩き回るようになった。開帳とは、ふだん閉じている寺院の秘仏・宝物を、扉を開いて拝観できるようにする宗教行事である。また、花見や歳《とし》の市《いち》などの活動も活発になった。このように、十八世紀後半には庶民に、物見遊山に出かける下地が徐々に育まれていた。

そんな江戸の町中を率先して歩き回っていたのが、六義園に住む柳沢信鴻である。彼は日記（宴遊日記）に、出かけた場所と共に、庶民の遊ぶ姿をしっかりと記録している。

柳沢信鴻の物見遊山

柳沢信鴻という人物は、犬将軍と呼ばれた徳川綱吉の側近、柳沢吉保の孫にあたる。四十九歳で隠居生活をするまでは大和郡山二代藩主であった。藩主時代については、名君であったと伝えられるものの、祖父・吉保のような華々しい活躍はなかったようだ。しかし、演劇や俳諧を嗜み、文学や芸術に加えて儒学などにも通じた博学多識であったとされている。

現代では、藩主や吉保の孫というような経歴ではなく、当時の世相を伝える日記を残したことで評価されている。日記は、安永二年から天明四年まで十二年にわたって、几帳面にほぼ毎日書かれている。天候の記述から始まり、朝からの自分の行動を詳細に記録したもので、今で言うガーデニング、交遊、演劇、行楽など多方面について綴られている。この日記は、そのタイトルを『宴遊日記』（『日本庶民文化史料集成　第13巻』所収。芸能史研究会編・三一書房）として刊行されている。

日記で最も多く記しているのは、六義園という広大な庭園に関することで、その園で繰り広げられる様々な活動、中でもガーデニングに関連する記述が多い。「此頃花垣山に葉姥百合の如く花六片、白花茶に似たる花、数種一面に出るを堀て鉢に殖る」とあるように、信鴻は植物への造詣が深く、一日置きに植物名が登場するほどだ。その種類は二百六十種余。樹木の剪定や芝刈りなどの作業は、年間１３９日～１７９日も行っているのである。それに加え、「夕畑の蕗臺を取、庵の蕪菁を摘」、栗拾いや茸狩りなどの栽培・収穫は毎年平均96日ほど行っている。それ以外にも、庭で花火や蛍狩り、園内を来客に見せるお庭拝見、今でいうオープンガーデンまで行っているのだ。それに対し、芝居見物は別録として綴られているものの、その数は12年間で１１９回と、月一度程である。このような内容から日記の名称は、「宴遊」よりむしろ「園遊」の方が似つかわしいと感じた。

さらに注目すべきは、八百日以上にわたる物見遊山の記述である。最も多く出かけたのが浅

図４　六義園周辺絵図

図５　六義園古図

草で、十二年間で243回、月2回の割合で訪れている。湯島は、月1回程度で124回。また両国《りょうごく》・廻向院《えこういん》にも頻繁に訪れている。その他、護国寺・雑司ヶ谷《ぞうしがや》、芝居町、吉原、亀戸天《てん》神《じん》、日暮里《にっぽり》・道灌山《どうかんやま》、根津権現《ねづごんげん》、増上寺《ぞうじょうじ》、目黒不動《めぐろふどう》などといった、当時の行楽地に出かけていたようだ。

また、出発した時刻、帰宅した時刻を必ずといって良いほど記している。そして道中の道順を逐次記し、時には途中の時刻も記している。したがって行程が手にとるようにわかる。まるでガイドブックに使えるような正確さで書かれているのだ。

さらに注目したいのは、訪れた場所での記述である。喧嘩などの突発的な出来事、催されていたイベントの内容や評価が、どれも信鴻の視点で書かれている。なかでも、その場所にどのような人が居たのか、どのような行動をしていたか、関心事や関心物などを、混雑、状況を交えて記している。そして、気になる人たちの行動については、その人の身分や年齢などに詳細に触れ、当時の江戸の雰囲気を伝えている。

たとえば浅草には、信鴻はどのように出かけただろうか。安永二年十一月十七日の日記には、お供に「新井・石井・石川・大谷・木俣・五加蔵」の家臣六名を伴って、「九半より」と午後1時に出発した。まず「谷中通・首振坂花やへ寄」り、花や（植木屋）の「庭を見」て、「法住寺へも立寄」、「上野へかゝり広小路へ出、東側水茶屋へ寄」、「弘徳寺前より御堂前浅艸へ

図6　新緑の六義園

行」とあるように、途中で寄り道をしている。

浅草に着いて見たのは「群集也、御堂裏水茶屋へより」と混雑ぶりであった。そこで、「豆蔵鞠茶婉豆陶小刀をとる手つまを見」と茶屋で一服して、手品を見物。また「雷門前西側目川菜飯伊勢やへより喫飯」と田楽などを食べている。その店では「婦人二人来休む、二階不乾浄（不潔）」と観察している。

そのまま帰宅するかと思えば、大回りして「直路両国に出」と両国へ向かい、「橋前水茶屋に休」と、両国橋の西側の水茶屋で小休止している。その後は現在の、総武線（各駅停車）に沿って歩き、千代田区外神田《かんだ》四丁目を抜けて、「湯嶋表坂より加賀侯前へかゝり、本郷三丁目水茶屋にて休み」本郷通りを通り、「六半（午後7時）前帰着」と帰宅している。

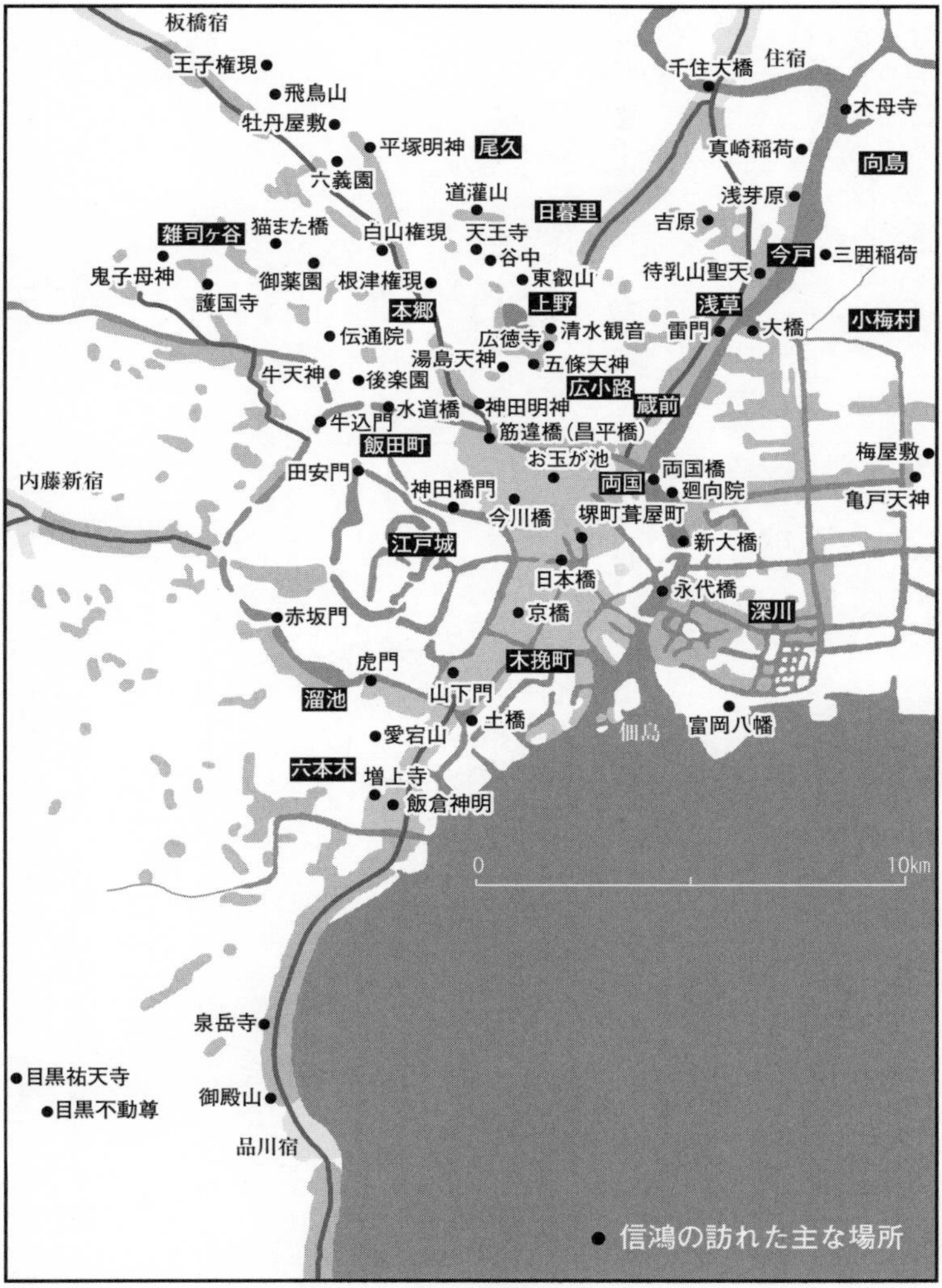
板橋宿
王子権現
飛鳥山
牡丹屋敷
平塚明神
尾久
六義園
道灌山
日暮里
雑司ヶ谷
猫また橋
白山権現
天王寺
谷中
鬼子母神
護国寺
御薬園
根津権現
東叡山
上野
本郷
伝通院
広徳寺
清水観音
湯島天神
五條天神
牛天神
後楽園
広小路
水道橋
神田明神
蔵前
牛込門
筋違橋（昌平橋）
飯田町
お玉が池
内藤新宿
田安門
神田橋門
今川橋
江戸城
日本橋
赤坂門
京橋
虎門
木挽町
溜池
山下門
土橋
愛宕山
六本木
増上寺
飯倉神明
千住大橋
住宿
木母寺
真崎稲荷
向島
浅芽原
吉原
今戸
三囲稲荷
待乳山聖天
浅草
雷門
大橋
小梅村
両国橋
両国
廻向院
梅屋敷
亀戸天神
堺町葺屋町
新大橋
永代橋
深川
佃島
富岡八幡
0
10km
泉岳寺
目黒祐天寺
御殿山
目黒不動尊
品川宿
信鴻の訪れた主な場所

図７　文政頃の江戸周辺

この日に歩いた距離は四里（16キロ）弱、約6時間をかけている。四里を歩くには、約2万歩を必要とする。現代では、一日5千歩でも多いとされているのに、昔は元大名であっても自分の足で歩いていた。歩行時間を4時間とすれば、茶屋での休憩四回と食事一回、それに手品見物などに使った時間は2時間となる。そうすると、浅草で過ごした時間は、1時間程度になると思われる。これが当時の物見遊山の一形態である。

何処まで出かけたか

江戸時代であるから、物見遊山は歩いて行くことになる。当時の距離は、「里《り》」で表されており、一里は現代の約4キロである。4キロの距離は、タクシーの2メーター以上で気軽に歩ける距離ではない。しかし、当時の人は、かなりの高齢であっても長い距離を歩いていた。信鴻は、天明二年二月二十八日（西暦では四月十日）、葛西から八里の道を歩いてきた「老媼四人」と六阿弥陀《ろくあみだ》（西ケ原《にしがはら》）で遭遇した。「旅は道連れ、世は情け」ではないが、ともに如来観音《にょらいかんのん》を拝している。この八里となると、約32キロもの長距離である。それで、信鴻は、「二百銅遣ハし又召連門外表石前へ出、かしこにて弁当開き老媼四人へも遣ハす」と、たまたま出会った老女にお金だけではなく弁当まで与えているのだ。

また、信鴻自身も、六義園から品川御殿山や目黒不動尊まで、約七里を往復している。江戸時代の人は良く歩いている。それも健脚な人であれば、現代でも驚くほど遠方まで出かけたことは想像に難くない。

江戸時代の物見遊山に出かけるためのガイド地図として、『東都近郊図』があった。図には、東は現在の千葉県船橋市辺りから、反時計回りで北へ鎌ヶ谷市・流山市・久喜市・桶川市・八王子市・厚木市・横浜市辺りまでが載っている。この範囲は、日本橋から50キロ程で、遠方となっても一泊、居住地によっては日帰りのできる範囲だ。

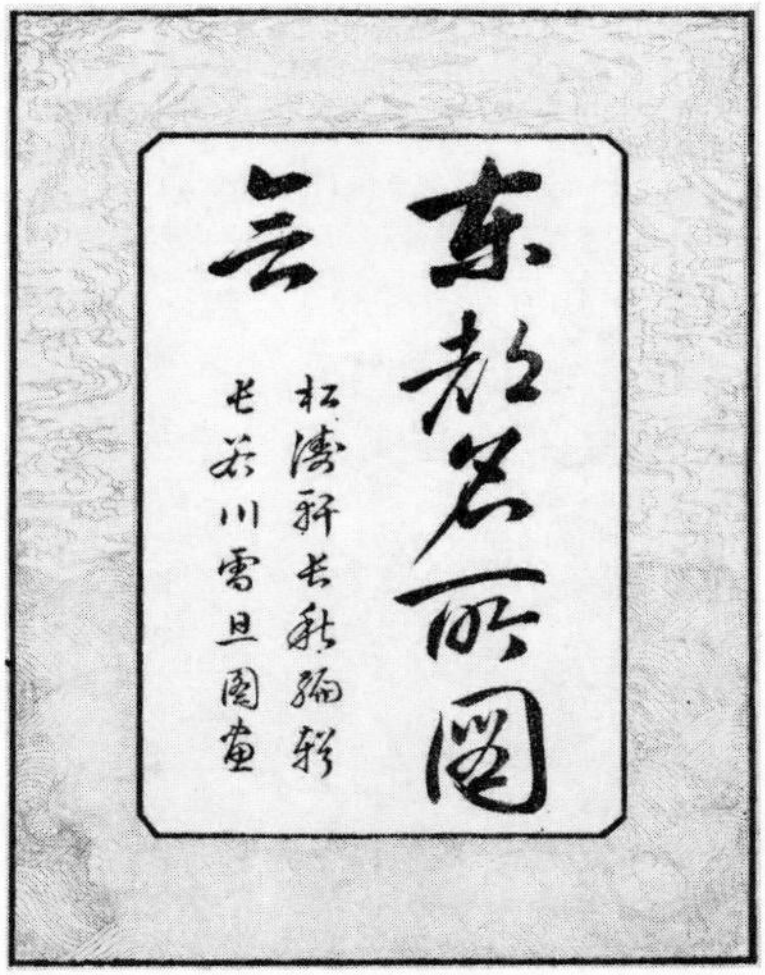

図８　表紙には「東都名所図会」とあるが内容は「江戸名所図会」

また、名所を紹介したガイドブックとして、『江戸名所図会』がある。この図会は、江戸ならびに近郊にある名所を、『東都近郊図』とほぼ同じ範囲で、鳥瞰図や挿絵と合わせて解説などが記されている。紹介する名所は、目次から調べると１０２ヶ所、挿絵が６５６もある。天保五～七（１８３４～36）年に斎藤月岑《さいとうげっしん》が刊行したもので、絵は絵師の長谷川雪旦《はせがわせったん》が描いていることから、図絵自体を鑑賞して楽しむことができる。

さらに、名所・旧跡を紀行文として、祭礼や行事、風習、伝説など綴った『遊歴雑記《ゆうれきざっき》』（十《じっ》方庵大浄敬順《ぼうあんだいじょうけいじゅん》著）がある。『遊歴雑記』は隠居した敬順が文化年間後半から文政年間（19世紀前半）にかけて江戸ならびに近郊を実際に歩き取材した記録であり、その記録は957題もある。

そして、四季折々の物見遊山の紹介である『江戸名所花暦』は、文政十（1827）年に刊行された。挿絵は長谷川雪旦で、解説は岡山鳥が花鳥風月の名所を四季に分けて紹介している。名所の46ヶ所は、小金井のサクラを除けば、日本橋より四里圏内、誰もが日帰りできる範囲である。また、錦絵として『江都《こうと》勝景《しょうけい》』〔天保期（1830～44）年〕、『東都名所』〔天保二（1831）年頃〕、『江戸高名会亭尽《えどこうめいかいていづくし》』〔天保六～十三（1835～42）年〕、『江戸近郊八景』〔天保九（1838）年〕、『絵本江戸土産』〔嘉永三（1850）年〕、『名所江戸百景』〔安政三～五（1856～58）年〕なども、江戸の名所を紹介するものであった。

物見遊山は、大半が歩くこと、移動に時間を費やしている。目的地まで出かける過程が楽しみになっている、と考えても良いようだ。花見といっても、滞在するのは、飲食をする程度の時間である。開帳にしても、秘宝や神仏などを拝観する時間はさほどなく、併設する見世物や売店などを見て回る時間よりも短かったであろう。要は、巡り歩くこと自体が目的であり、途中で行き先を変えたり、本当に気ままなものだったのだ。物見遊山は、現代のピクニックに該当すると考えられるものの、往復する間の楽しみは今日よりも遥かに充実している。たとえ歩行距離が長くなったからといって、苦痛とか、嫌だとかいうことのないことは、信鴻の物見遊山を見れば明白である。

物見遊山とは、車のない時代だからこそ成立していた活動とも言える。それに対し二十一世紀は、効率的にいくつも巡り、移動時間の短縮に重きを置く時代となった。さらには、自宅に居ながらにして名所や行楽地を高画質で、実際に訪れているような映像で見ることができ、それで満足できるようになりつつある。

安全で快適な道すがら

浅草に出かけようとする時、できるだけ速く、また、安く行こうと考えるのが現代人である。しかし、江戸時代の物見遊山は、あえて遠回りをしたり、寄り道をしたりすることが少なくない。長く歩けば疲れるとか、時間が掛かってしまうなどと考えないのが、物見遊山である。それどころか、目的地に着くには、いくつもの道順があり、それが物見遊山の魅力を高めていた。

信鴻が六義園から浅草に行くコースも複数あって、それぞれ寄り道を楽しんでいる。

・谷中《やなか》通りから上野へ入り、山下より広徳寺《こうとくじ》前御堂、田原町《たわらまち》、浅草寺《せんそうじ》へのルート
・動坂《どうざか》より日暮里、舟繋松《ふねつなぎのまつ》にて遠眼鏡を見る、上野清水山王《しみずさんのう》にて休む、浅草へのルート
・谷中通りから上野へ入り、屛風坂上、山下門手前の小路左折、茗荷《みょうが》や店にて軽焼を求め、浅草へ
・谷中通り上野車坂門より門跡前にて筆屋の書棚・机を見て、浅草へ

当時、庶民の誰もが気楽に物見遊山できたのは、出かける先々の道路網が整備され、道中の安全が保証されていたからである。そのことについては、今の日本も同様で、長年にわたって形成された財産である。しかし、当時も日本人は、そのことに気づいてはいなかったようだ。

西欧の大都市、パリは、「街路は狭くうるさいだけでなく、また非常にきたなかった。一七七八年にパリに滞在したモーツァルトが、『パリの泥んこぶりときたら、まったく論外だ』と父親あての手紙の中でぼやいているが、パリの街路をおおっている『パリの泥』は十七世紀以来有名である。この真っ黒な泥は、衣類に付くと生地も焼き焦がすといわれるほどで、跡がかならず残ってしまう」（『十八世紀パリの明暗』本城靖久著）ほどであった。

また、「十八世紀中葉ともなると、主要な街路はすべて砂岩で舗装してあるというのに、どうして泥が姿を消さないのだろうか。実はこの泥は毎日生産されていたのだから、失くなるはずがない。つまり、各家庭が毎日作り出す生ゴミが泥の原料である。夜の間に街路に出された

ゴミは、清掃人夫が毎朝集めて荷馬車に積んでもっていくのだが、取りきれない部分は街路に散乱し、ゆきかう馬車の車輪によって砕かれ潰され、真っ黒な泥状になるのだった。メルシエは、パリの泥は、多くの馬車が絶えずまきちらしている鉄粉によって黒く染められているのであり、泥の悪臭は台所から流れ出る生活廃水のせいで、この泥の臭いは外国人には堪えがたいと述べている。」（前掲書）

それに対し、日本の道路が非常に清潔に整備されていることや、道中の快適・安全について記している西欧人がいる。それは、一七七五（安永四）年に長崎出島商館付医師として日本を訪れた、スウェーデンの医学者・植物学者ツュンベリーである。

図９　19世紀半ば過ぎのパリのシテ島

彼は翌年春、一ヶ月近く江戸に滞在している。その間、江戸の町を歩き回っていたが信鴻と接触する機会はなく、信鴻がツュンベリーの噂を聞くこともなかった。

それでも両者が、同時期の江戸の情況を実感していたことは確かである。もちろん、感じ方に違いのあることは言うまでもない。ツュンベリーが

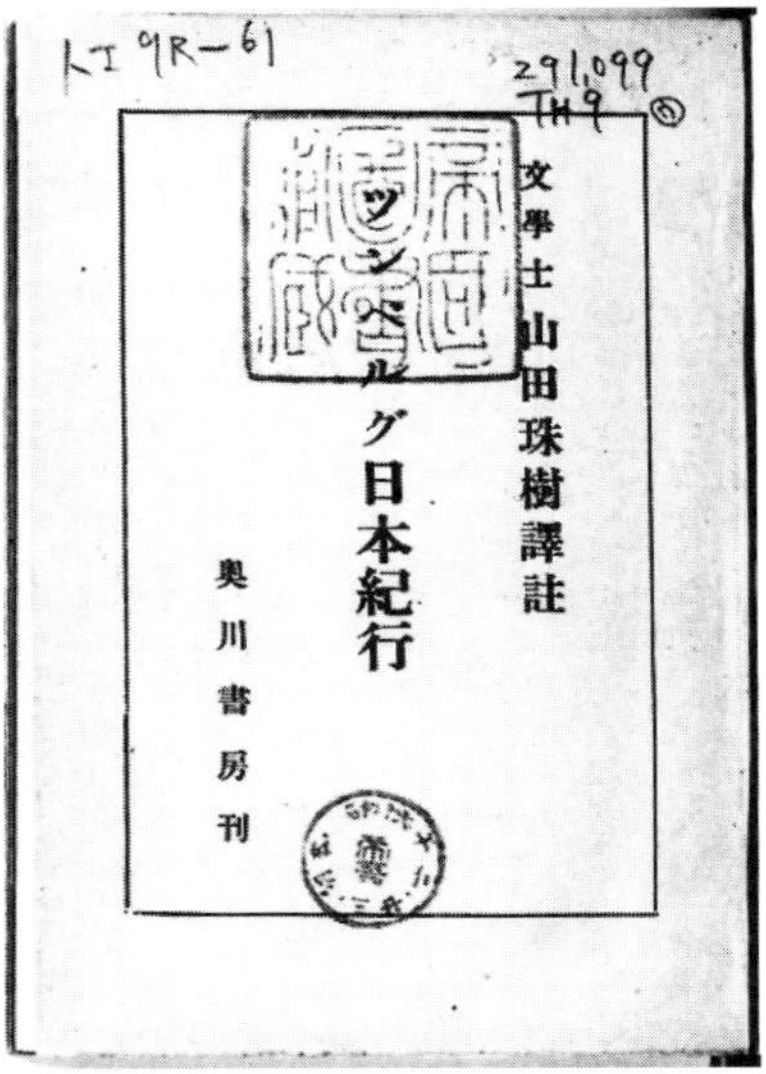

図10　ツンベルグ日本紀行

記した『ツンベルグ日本紀行』（山田珠樹訳註）や『江戸参府随行記』（高橋文訳）から一部を紹介する。

まず、当時の道路状況に注目している。道は、原則として周辺住民の手で、多くは自主的に掃いたり、水を撒いたりして管理されていることに注目している。

次に感心したのが、交通ルールだ。きちんとした秩序の上に成り立っていること、そして旅人の便宜が考慮されていることを述べている。たとえば、上りの旅をする者は左側を、下りの旅をする者は右側を歩く。つまり旅人がすれ違う際に、正面から来る人に不安を感じさせたり、邪魔になったりしないような配慮があることを褒めているのだ。このような交通状況は、本来は日本よりもはるかに発展しているヨーロッパでこそ必要なものだったはずだ。ところが、西欧では道を旅する人は行儀をわきまえず、気配りを欠くことがしばしばあると述べている。

確かに、信鴻の物見遊山を見ると、20人以上のお供を連れて歩くことがあるが、かなり混雑

図11　道灌山

していてもトラブルが起きた記録はない。歩いているのは信鴻の一行だけではなく、諸侯の奥方が駕籠《かご》を連ねて往来している。遊女《ゆうじょ》や禿《かむろ》の一団には、やり手（婆）や若者などが付いている。日本人は、当時から群れをなして歩くのが好きであったようだ。

ただ、江戸の町は、かならずしも歩きやすい道だけではなかった。現代のような舗装がされていないため、雨天や雪解けの後には、下駄を履いても歩きにくい道が多かったのだ。それも、安永八年から天明四年まで続いた水道工事（通筋水道通樋敷設）で、信鴻はあちこちで「泥濘深し」「泥濘大に滑る」などと記している。そんな時は草履から下駄に履き替えていた。そう言えば、戦後の昭和は、都内でもまだ江戸時代と同じような、足を取られる道路があちこちに残っていたことを筆者は覚えている。

信鴻は、出かける時は、下駄や草履を持参していた。もっとも、これは誰もができることではない。用意のない人のために、道灌山では「山の下り際より青雲寺裏迄泥濘如沼、女花子多く集居て往来に下駄を借す様子」を見ている。下駄のレンタルが商売となっていたのだろうか。

信鴻は細かいところまで良く見ている。

第二章

ワンダーランド浅草

浅草の魅力

東京で外国人に最も人気のある場所を尋ねれば、浅草という答えが返ってくる。近年、浅草人気は、高まる一方である。江戸時代においても、江戸で最も人気のある場所は、江戸っ子なら、浅草であった。浅草は不思議な場所である。四百年以上の時代と共に、そして季節毎に変化しながら栄えている。

浅草の成り立ちを繙《ひもと》くと、西暦六二八年（飛鳥《あすか》時代）にまで遡ることができる。江戸浦《うら》（今の隅田川《すみだがわ》）で、漁師の兄弟が仏像を漁業中に拾得した。その後この兄弟から仏像を預った土地の長が出家して、自宅を寺とし仏像を供養したのが、浅草寺の創始とされている。そして、大《たい》化《か》元（645）年、勝海上人《しょうかいしょうにん》がこの地に訪れ、観音堂を修造したとされている。

庶民にとって神仏へのお参りは、願いや厄払いをすがり、現状の一新を求め祈るものであった。宗教行事には、非日常的な、興味を引くような動作や音響などが伴う。庶民は、社寺での難しい説教や教訓より、派生する形態の方に心をとらわれ、楽しむようになる。そうなると、庶民は、信仰という体裁をとり、ふだん味わえない解放感や興奮を求めるようになる。

幕府は、寺や神社の祭事を奨励し、敬虔な神仏信仰を庶民に浸透させようと、参詣を促した。

図12　浅草周辺図

そのためには、自由に寺社に訪れる庶民を制止したり、禁止するわけにはいかなかった。となると、庶民は、信心に託《かこつ》けて、大っぴらに楽しむことになる。と言っても、庶民に信仰心が無いわけではない、江戸の寺院数（約一千、神社はそれ以上と思われる）を見れば、信仰の深さがわかる。

信鴻にしても、浅草でいくつもの寺社を参詣するだけでなく、六義園を出た時点からいくつもの寺社に立ち寄っている。当時の日本人は、寺や神社、宗派の違いだけでなく、神仏が宿ると感じる全てを崇拝していた。何にでも神が宿ると信じる、信心深い国民である。浅草は、日本人の根底にある信仰心に支えられ、このあとに示す魅力によって繁栄を続けている。

では、浅草に大勢の人が訪れるようになったのはいつからと言えば、江戸時代になってからである。賑わいを記す最初の記録は、江戸に幕府が開かれて十年余しか経たない元和《げんな》二（1616）年にある。林羅山《はやしらざん》（儒者）は「京の清水よりも多くの人出であった」と『丙辰紀行《へいしんきこう》』に浅草観音の賑わいを記している。

このように庶民が自由勝手にお参りに出かけることは、当時の西欧では教会の許可がなければ許されないことであった。

浅草周辺、隅田川木母寺《もくぼじ》梅若塚《うめわかづか》や浅茅原《あさぢがはら》妙喜寺《みょうきじ》などが賑わっていることは、三代将軍・家光の耳にも入った。家光は、庶民がこのようにのびやかに遊んでいるのは「苛政《かせい》」が行われていない証拠だと言って、喜んだという。正保《しょうほう》四（1647）年三月、家光は、浅草寺の縁日が多く、参詣でごったがえすという理由で、浅草周辺で予定していた視察をわざわざ麻布《あざぶ》辺に変更したという配慮まで見せている。

浅草広小路

浅草の主な景勝を『江戸名所図会』から示すと、最初の図に広小路《ひろこうじ》と風雷神門《ふうらいじんもん》、次いで二十軒茶屋、五重塔と二王門（仁王門《におうもん》）、随身門《ずいしんもん》と鐘楼《しょうろう》、金龍山《きんりゅうさん》浅草寺本堂、奥山《おくやま》などが続く。これらについて、信鴻の日記と合わせて見てみよう。

広小路は、明暦《めいれき》の大火〔明暦三（1657）年〕を教訓に、類焼を食い止める火除地《ひよけち》として設置したものである。名前は「小路」とされているが、道路というより、むしろ自由広場ともいうべき空間で、原則として建造物を置くことは禁止されていた。しかし、絵をよく見ると、植木や盆栽などが並べられていることがわかる。

道中で花や樹木を見、購入することは物見遊山の楽しみの一つであり、目的でもあった。信鴻の日記にも、安永四年十二月十八日「広小路にて柊棒木・伽羅木求め」と、五年五月「風神門内にて松平対馬行違ふ、児手槲を買ひ」、五年七月「風神門にて夏菊買ふ」、六年六月「太神

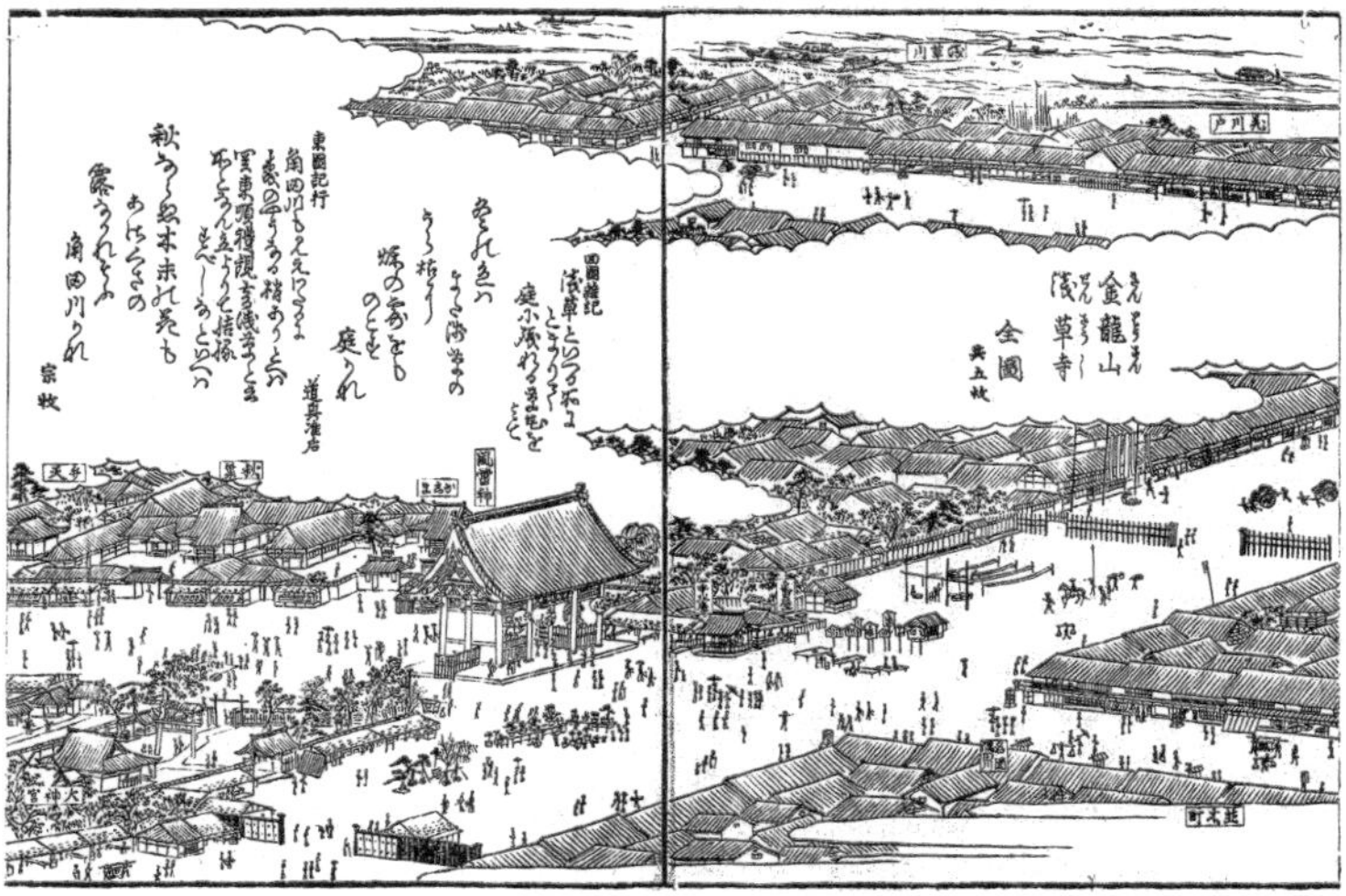

図13　風雷神門前の浅草広小路の様子

図14　雷門左

宮前にて又逢ふ、蒲の花・紫陽花を買しめ」、七年四月「風神門にて花卯木買ひ」、八年三月「藤樹を買に風神門へ」など、毎年のように購入したことが記されている。

風雷神門は、現在では通称・雷門《かみなりもん》とされている。この門がいつ作られたかは不明だが、江戸時代に二度の火災に遭ったことがわかっている。明和《めいわ》四（1767）年に消失し、寛政《かんせい》七（1795）年に再建されるが、幕末（1865年）の火災で再び消失し、現在の雷門は1960年に設置したとされている。

したがって、日記の書かれた安永年間には、この雷門はなかったはずである。しかし、日記には「雷門側で田楽を食べる」や「雷門前で料理を食べ」など「雷門」が3回、「風神門内群集し」など「風神門」が46回も記されている。まるで再建されていたように記されており、焼失してもなお、浅草入り口のシンボルとして存在感を誇っていたようだ。

二十軒茶屋

二十軒茶屋は、雷門から仁王門までの茶屋で、その数は時代によって増減している。この茶屋は、「水茶屋」「掛茶屋」ともいわれ、湯茶などを出して休息する鄽《みせ》（店）である。当時の寺社の境内などにある水茶屋の多くは、葦簀《よしずば》張りの仮小屋で、二十軒茶屋も例外ではなく、表か

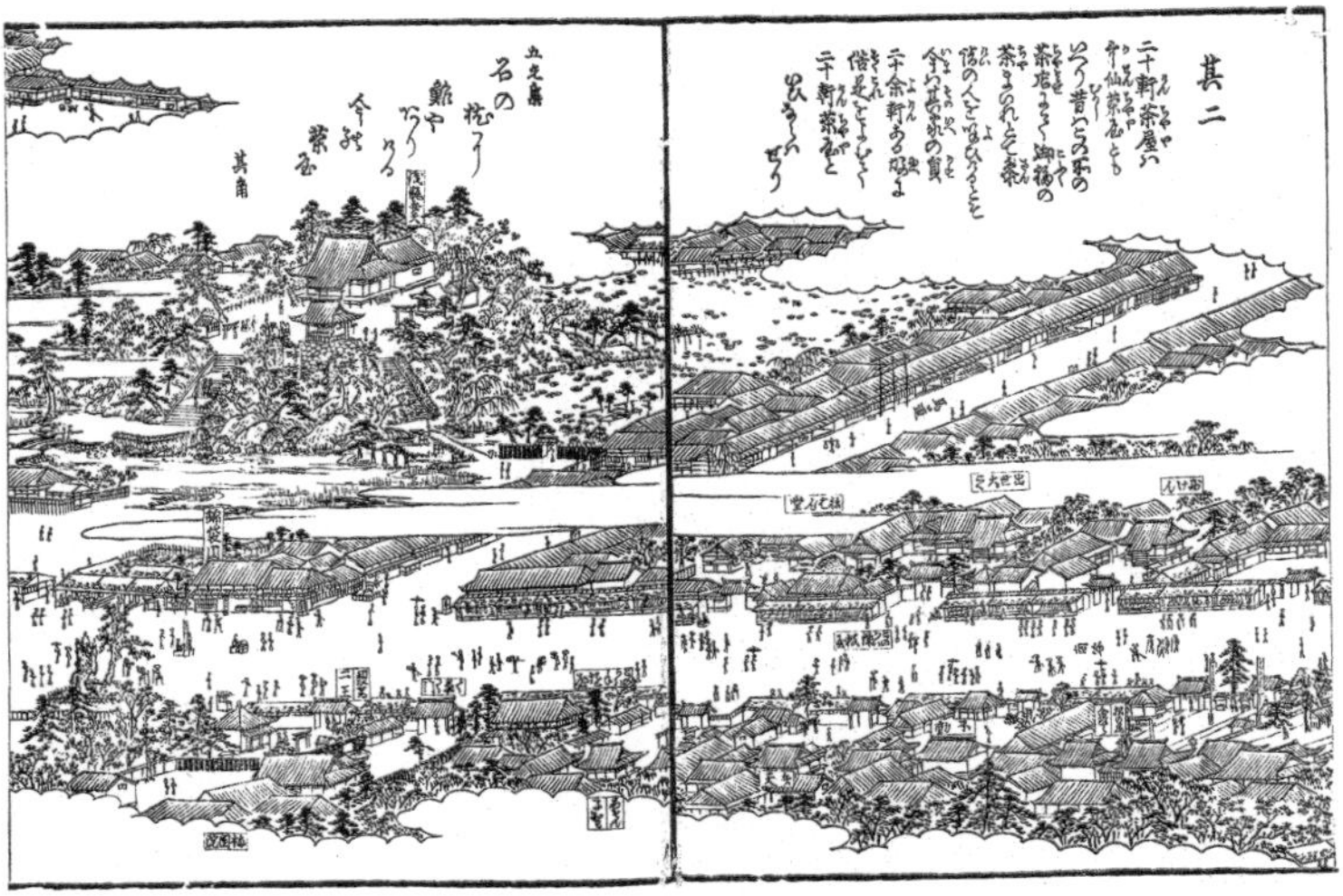

図15　二十軒茶屋

らは葦簀で囲っていた。しかし、内部は据付けの客席があり、客をもてなす若い娘がいて、その娘を目当てに訪れる人が絶えなかった。「看板娘」がいたことは鈴木春信《はるのぶ》、喜《き》多《た》川《がわ》歌《うた》麿《まろ》などの一枚絵によって伝えられている。

二十軒茶屋は、浅草の魅力として欠かせないものであった。茶屋には評判の美人が揃っていて、そこでのひとときは、川柳に数多く記され、その人気を裏付けている。腰掛茶屋の茶代は大体五～十文《もん》であったが、二十軒茶屋の茶代は五十文、百文ぐらいと推測する。これは、現代の秋葉原のメイド喫茶の料金とほぼ同じではないだろうか。

信鴻にもお気に入りの娘がいたことは確かで、浅草には「堂左境屋水茶屋（境屋）ニ而休む〔鄽女袖〕」と「お袖」という名前を度々記している。また、信鴻は美人には関心があると見えて、評判を聞いて、「此春より大坂下りの難波屋の女　佳麗成由聞たる故、矢太臣門より出る、茶屋ハ四辻向角に在、女評判程にも非す」と、わざわざ確認に出かけたものの、落胆した様子まで記していた。なお、女性の好みは主観的なもの。あくまでも彼の好みではなかったということだろう。

江戸時代の五重塔は、慶安元《けいあん》（１６４８）年に徳川家光が再建した。そして現在の塔は、戦災で焼失後、１９７３年に再建されたものである。五重塔は浅草のランドマークであったと思われるが、信鴻の日記には記されることなく、特に関心を向けられる建造物ではなかったようだ。

仁王門と隋身門

仁王門（宝蔵門《ほうぞう》）は、数度の焼失と再建ののち、徳川家光の寄進により慶安二（１６４９）年に落慶《らっけい》した。これは昭和二十（１９４５）年まで存続したが、戦災で再び消失後、昭和三十九（１９６４）年に再建された。

五重塔には関心を示さなかった信鴻も、仁王門の存在は認めており「仁王門下にて手遊ひを見」や「仁王門内柳屋伝兵衛鄽にて楊枝・酒中花買ひ」などと書き残しているのが数多く見つ

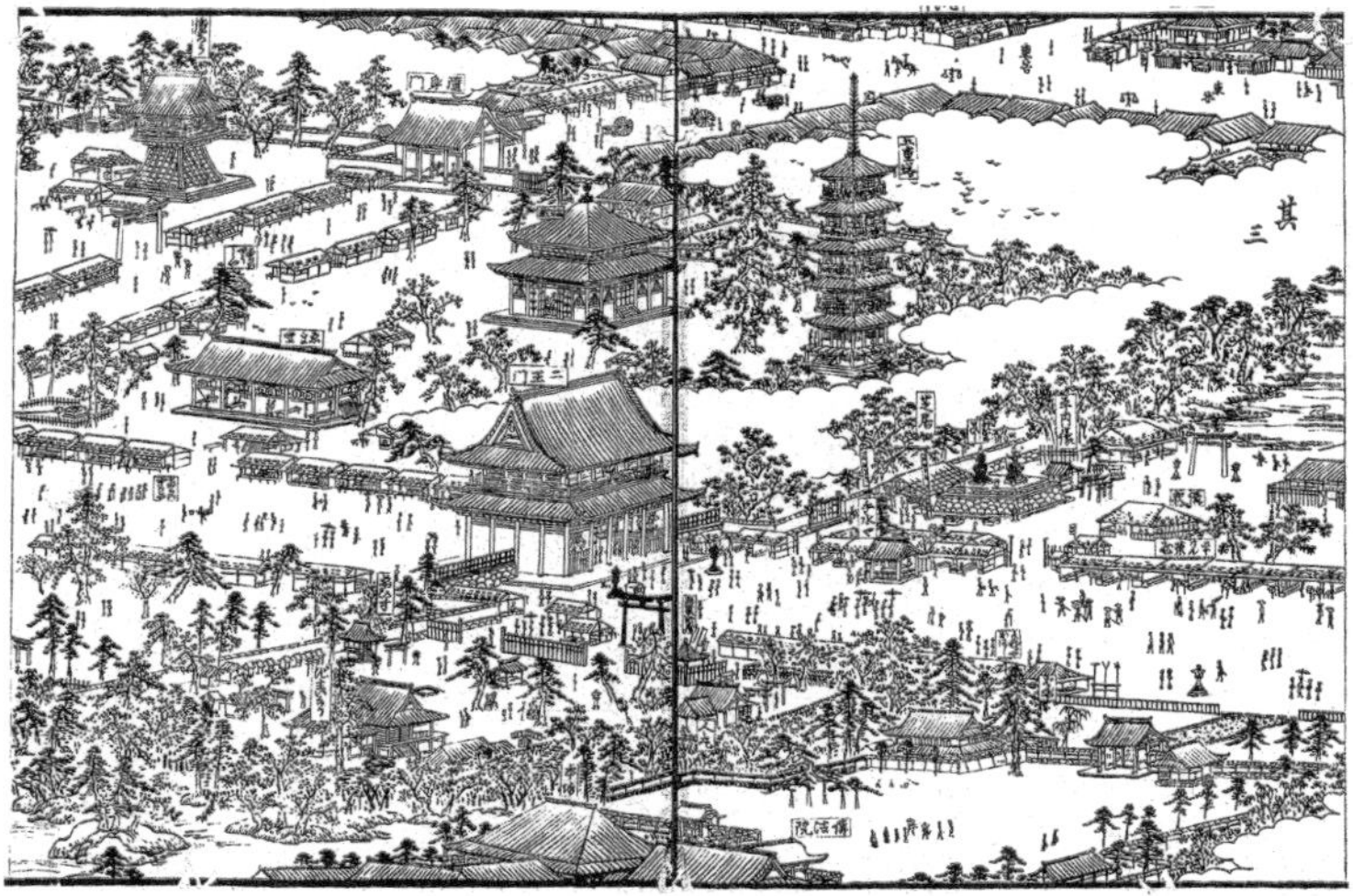

図16　仁王門と隋身門

かる。位置的には浅草の中央にあり、通りがかりに立ち寄る場所であった。

二天《にてん》門は、元和四（１６１８）年に浅草寺の東門として創建され、慶安二年に再建された。当初は随身《ずいじん》門といわれ、豊岩間戸命《とよいわまどのみこと》、櫛《くし》岩間戸命を守護神像（随身像）として左右に祀っていた。ただし、この名前の門は、信鴻の日記には登場しない。その代わりに、「矢大臣《やだいじん》門」の名がいくつも登場する。「矢大臣門より禿十四五人来る」などの記述から、これが随身門を指すものと思われる。

鐘楼は、随身門に向かって左にある。この鐘は「時の鐘」として知られている。松尾芭蕉が「花の雲　鐘は上野か　浅草か」と詠んだ鐘である。元禄《げんろく》五（１６９２）年に五代将軍徳川綱吉の命により改鋳された。信鴻は、

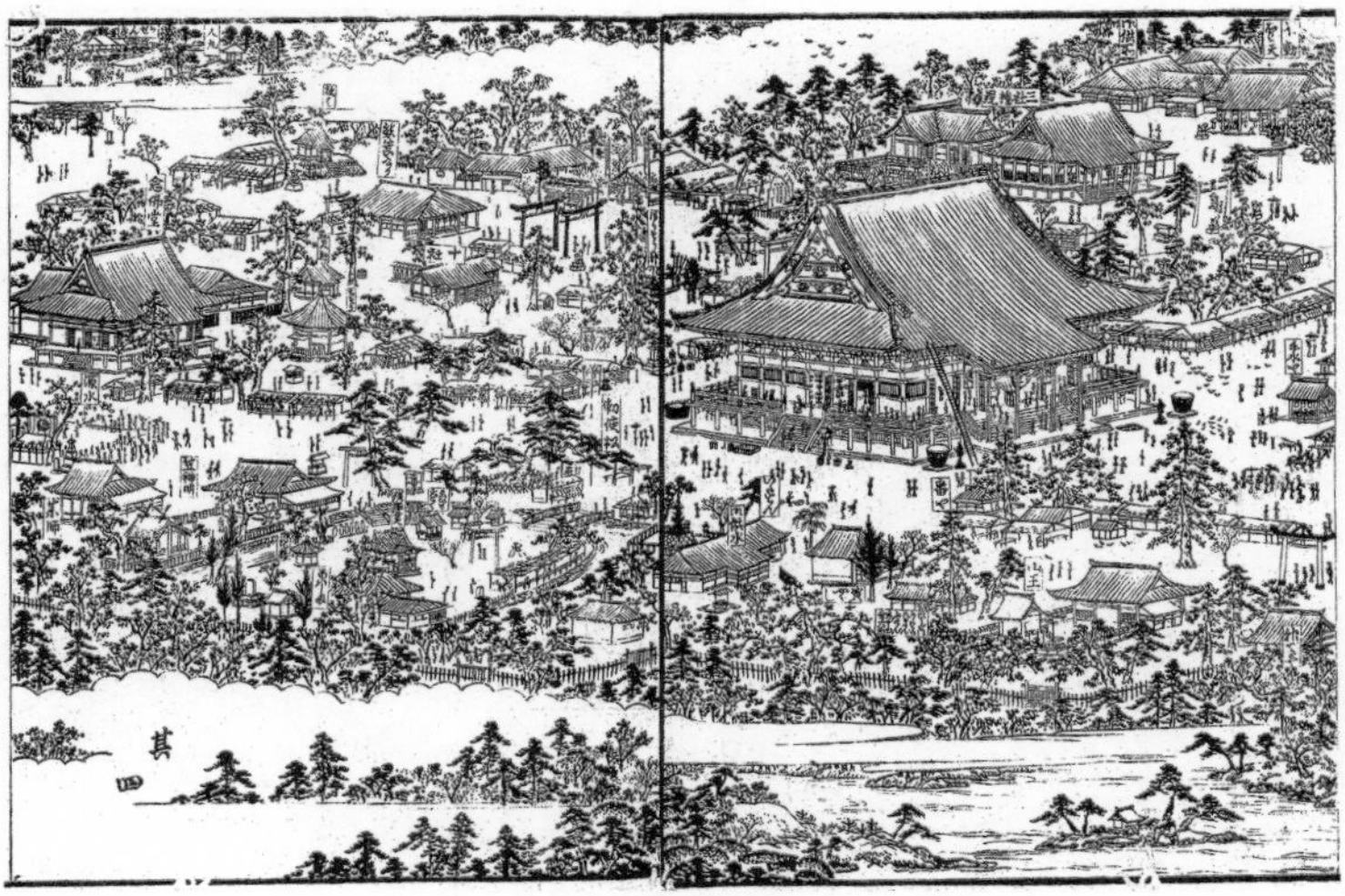

図17　金龍山浅草寺

「矢太臣門を出鐘楼わきより伊勢屋へ休む」と記しており、前記の矢大臣門との位置関係も符合する。

金龍山浅草寺

金龍山浅草寺本堂（観音堂）は、何度となく被災したがその都度再建されている。江戸時代では、寛永《かんえい》十二（１６３５）年に再建されたものの、寛永十九（１６４２）年には焼失。慶安二（１６４９）年に徳川家光が再建した。以後戦災（１９４５年）でなくなるまで約三百年にわたって存続した。現在の本堂は、１９５８年に再建されたものである。信鴻は、「観音を拝し」、「薩埵を拝し」と、必ずお参りをしていたようだ。

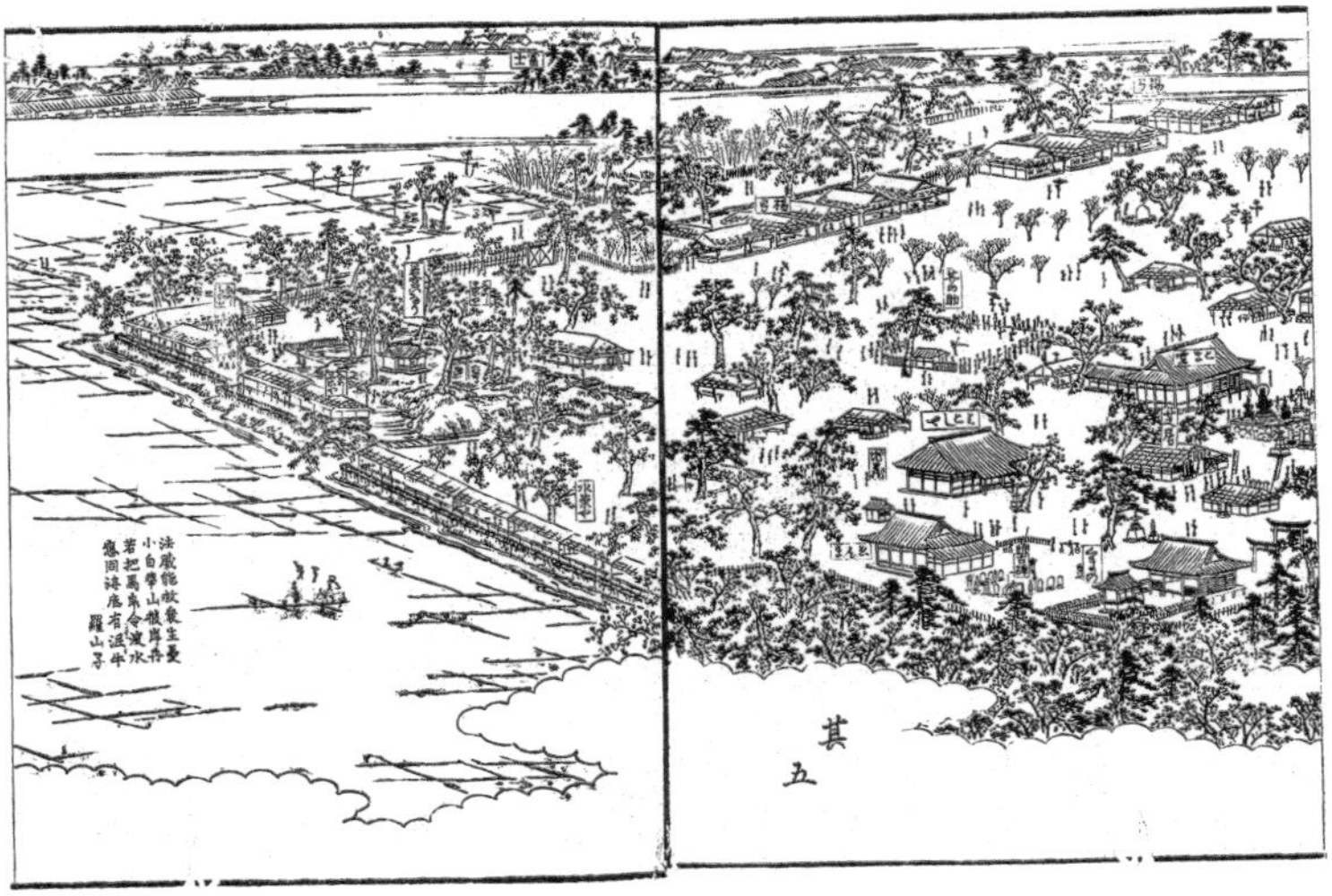

図18　奥山

奥山

奥山とは、観音堂裏手一帯の俗称である。信鴻も「奥山廻り、明石反畝を望み」、「奥山榎樹辺の水茶屋に休み」、「奥山太神宮側に芝居建普請最中、京大坂より子共呼由書附出」、「奥山腰懸に暫休み芥子蔵鉄輪を切を少し見」、「奥山雷獣見せ物・竹田操・馬の相撲・ひいとろ吹有、友世を見ん」と書いてある。奥山の北西側には田んぼが広がり、景色も良く、茶屋や楊枝見世《ようじみせ》などもあったようだ。

奥山には多くの楊枝店があり、浅草名物として欠くことができない。この店は、歯刷子《はぶらし》やお歯黒なども販売していた。そしてやはり水茶屋同様、大勢の飄客《ひょうかく》が美人の売り子を

図19　奥山花屋敷

目当てに訪れていた。安永四年の川柳に「七八十 御座いやしやうと やうじ見せ」とあることからも、当時の楊枝店の盛況ぶりが窺い知れる。

そして、なんといっても奥山の最大の魅力は、見世物や芝居など、さまざまな娯楽が繰り広げられていたことである。庶民は、観音堂の参詣を名目としつつ、本当は奥山での娯楽こそが、浅草を訪れる目的だったのである。

とはいえ、浅草の信仰を支えていたのは、浅草寺はもとより境内に神仏が数多くあったからである。『浅草寺《せんそうじ》誌《し》』によれば、浅草で堂社を構えている寺院には、本堂内に十一、寺内（境内）二十九、山内に九十五、その他を加えれば百七十程もあった。堂社に祀られた神仏は、民衆信仰に支えられたものであり、信鴻も賓頭盧《びんずる》（十六羅漢《らかん》の一つ、現在も宝蔵門の側に「なで仏」としてある）には、「お律顔吹出見ゆるゆへ賓頭盧に願を掛」などと度々お参りをしている。

図20　楊枝店

市と縁日

浅草の縁日として、この日にお参りすれば四万六千日のご利益があるという「ほおずき市」、

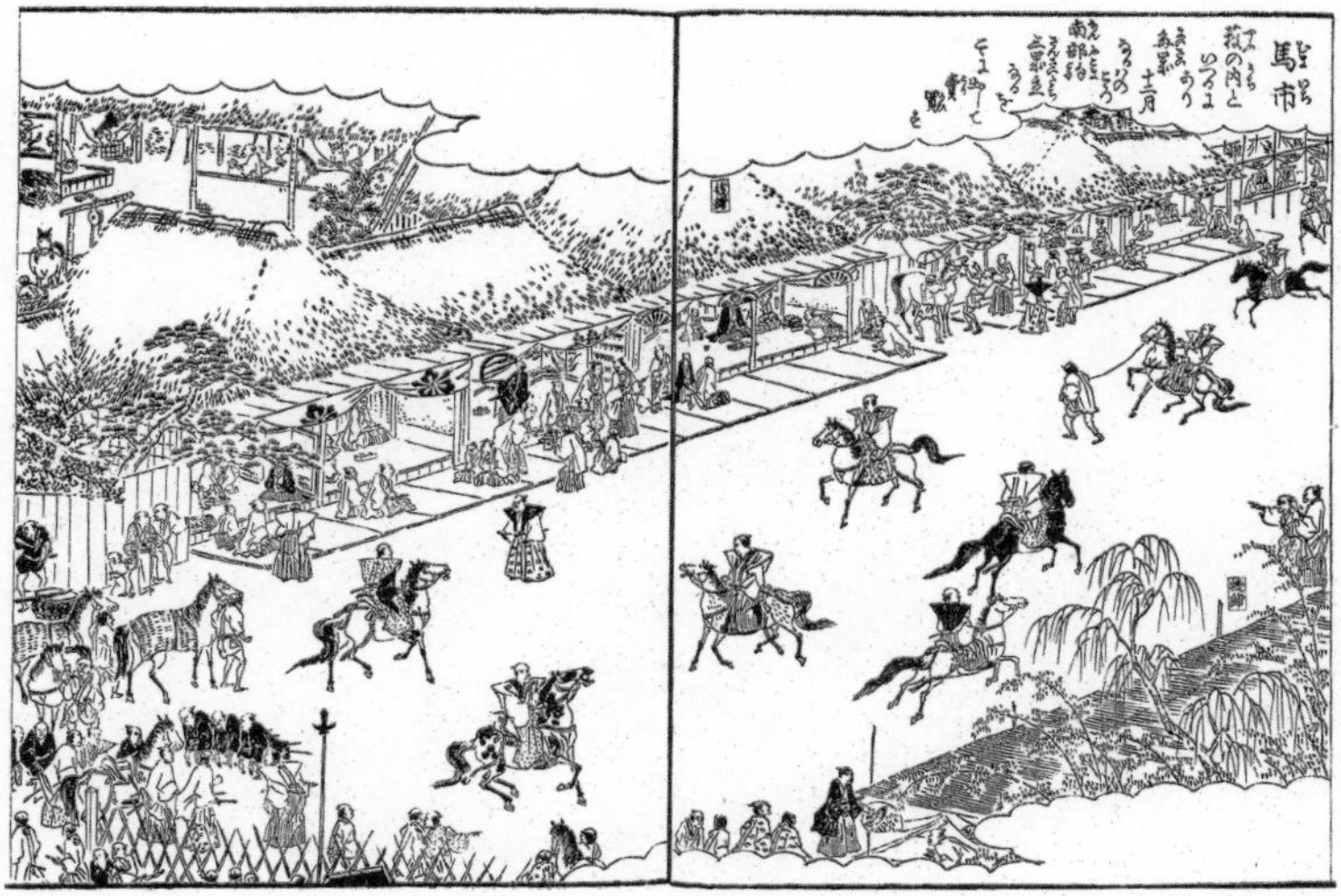

図21　馬市

節分会《せつぶんえ》、歳の市、馬市《うまいち》、蓑市《みのいち》、三社祭《さんじゃまつり》などがある。中でも最たるものは、信鴻の日記からみて「歳の市」であろう。その賑わいは、「明日市故、弘徳寺前より浅草迄仮廓を作り大騒擾」とあり、今の稲荷町辺りから浅草までの1・5キロ以上の道路に、前日から店が並んだ。当時の店の間口は一～二間《けん》と思われるが、店の構造や道の両側に並んだかなど詳細は定かではない。もしかすると、千軒以上並んでいたかもしれない。

「谷中通り浅草市より帰る人、様こ の品を或ハかたけ、或ハ手に提たる多し、今行人も多し」という一文から、信鴻が見た人の群れは、武士でなく庶民が大半を占めていたことが推測できる。また、人々が浅草に訪れるルートは、谷中以外の方が圧倒的に多く、いかに多

図22　歳の市

くの人が歳の市に訪れたかがわかる。なお『武《ぶ》江《こう》年《ねん》表《ぴょう》』によれば、この安永二年の十二月は、冬頃、厳冬で隅田川が凍り、通船が滞り物価が上がるとあり、隅田川が凍るような寒い年であった。

では、信鴻は、歳の市をどのように見たか、安永五年十二月十七日の様子を示す。「四過（午前10時）より市へ行（略）山内（上野）も行人多し、荷堂前へかかる、車坂を下り山下角より大に群集す、左右売物鄽（店）多し、三河屋に休み無程起行、御堂前より人叢夥し、広小路にて売物鄽の北裡を行、大神宮門より入　人にもまれ行、大群集也、左右皆鄽出直に参詣」。上野山下から浅草広小路まで店が並び、大混雑の中を進み、浅草観音を参詣した。

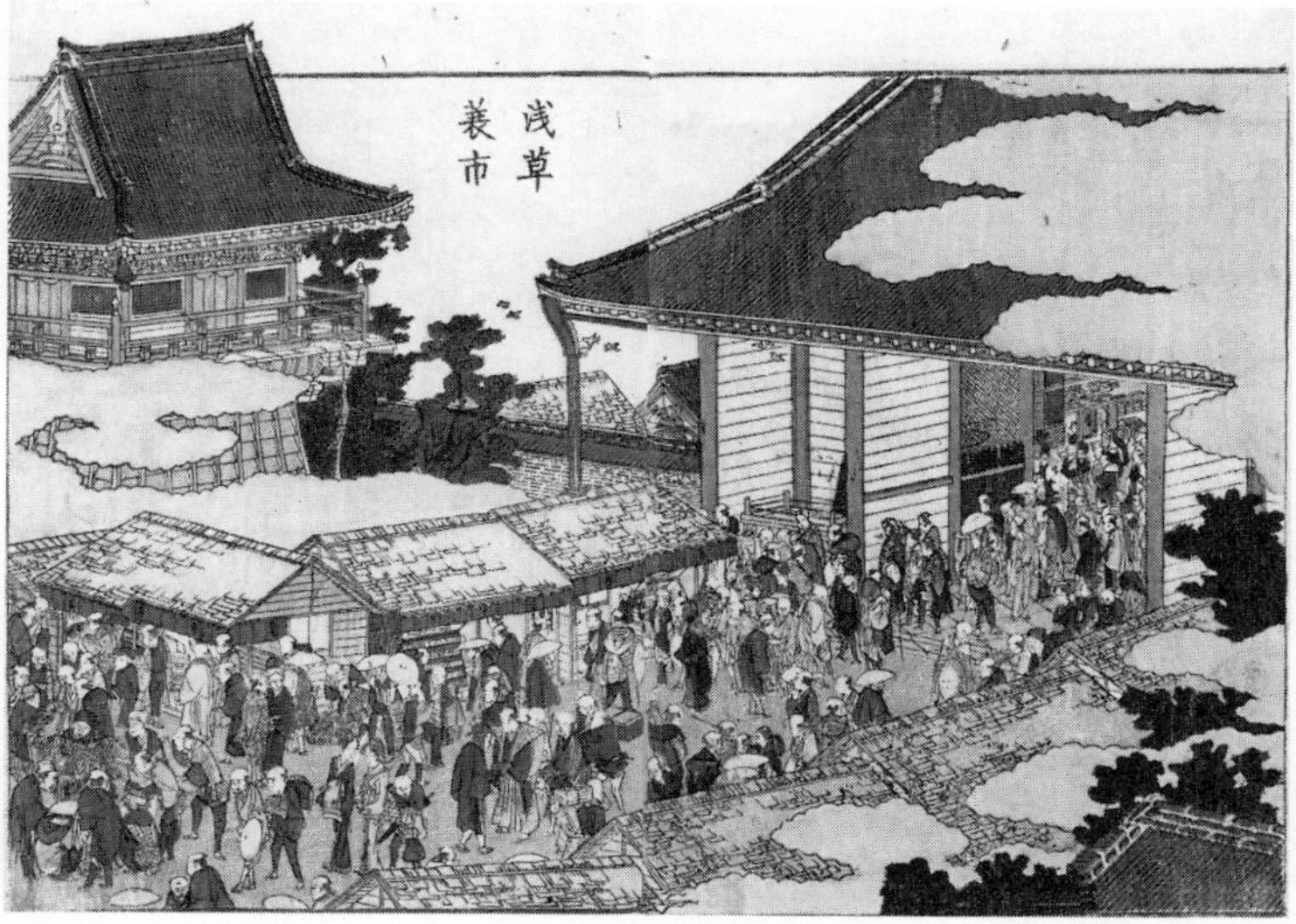

図23　蓑市

「西の欄干より堂前鄽売物を見る、堂後より下り濡仏（二尊仏）前水茶やに休む、人叢甚多し、神酒の口を買ふ、此うち穴沢・雄島・石川・伊藤等桶上ケ笟等を求め、暫く、休み待合せ奥山の方へ行」。信鴻一行は、茶屋で一休みして買い物をして、奥山へ向かう。

「（供の）穴沢残り七五三（髪飾り）をかふ内　蝦蟆（ガマ）見せ物を見る、蝦の大きさ簣ほと縄にて縛す、生きたる蝦蟇と見ゆ、云立に細工也といふゆへ造り物成事を知る」。

「稲荷わきにて穴沢追就　裏門を出、男根起上りをかひ　寺町へ出、花川戸町へかゝれハ　行人甚少し、一町行て西折すれ　共行留り故引かへし、吾妻橋脇へ出、風神門前群集押分かたし」。裏門から出て、隅田川へ向かって歩き、花川戸町《はなかわどまち》に出ると人込みも少なくなり、吾嬬橋《あづまばし》へ出て雷門の方向を見ると、群集で押し分けて歩くのは困難なほどであった。「裏門を出る時穴沢　楊枝買ひに下がる、御堂前にてひいとろ簪を梅原に買しむ、穴沢　爰にて先に立、田原町二町目をぬけて来し由、買物に棒を通し　皆こ替り合提け行、柳稲荷先にて紙烟袋三ツ求め、弘徳寺前にて秀鶴（歌舞伎役者中村仲蔵《なかぞう》）紋糠袋買ふ、彼処より伊藤を谷中浜田やへ案内に先へ遣す、車坂より又人行少く　平常より八少多し」、そして「帰廬七半頃」と、出発から約7時間後、夕方の5時頃に帰宅した。

浅草の開帳

浅草に大勢の人を集めるイベントに開帳がある。浅草寺の開帳は、承応《じょうおう》三（1654）年に催されて以来、江戸時代に三十六回も行われている。なお、浅草寺では、寺内での開帳に加えて、浅草寺以外の寺院での開帳（出開帳）も催され、それは年数回に及ぶこともある。

浅草寺の開帳は、十八世紀後半だけでも、明和六（1769）年、安永二年、安永三年、安永六年、天明元年、天明三年、寛政三年、寛政七（1795）年と、八回も行われた。なかでも安永六年三月から始まった浅草観世音並びに境内神仏惣開帳《けいだいしんぶつそうかいちょう》は、開基《かいき》より千百五十年に及ぶとされ、盛大に催された。

信鴻もこの開帳に訪れ、二十四日「浅草群集、いせ屋に休む、少女一人有、直に参詣、群集分かたし、奥山雷獣見せ物・竹田操・馬の相撲・ひいとろ吹有、友世を見んと弥惣左衛門後ろ藤棚前茶やに見物の出るを、暫までとも甚込合て出さる故裏門へ出」と、開帳に伴う見世物と、当時の混雑ぶりを記している。

その十一日後に再び訪れ、「浅草大群集、一文字屋に休む（略）本堂参詣、堂後に見せ物七色娘人魚羅沙緬と幟を立、水犬を看板に書たる有、友世見せ仕廻、堂前東側葭囲にて乞食相撲、見物多し、友世八丈縞に駒下駄にて来りみる、友世か出るを待ちつきて山門を出」と、また新たな見世物が多く出され、開帳より見世物を目的に訪れる人の多いことがわかる。

なお、信鴻は、見世物の友世《ともよ》に頗《すこぶ》る関心があったと見えて、その頃三回も浅草に訪れている。この友世については、滑稽本『力婦伝《りきふでん》』（風来山人述《ふうらいさんじん》）として刊行されている。著者の風来山人とは、平賀源内《ひらがげんない》である。

『力婦伝』によれば、ともよ（友世）は、越後国の百姓の娘で、十両の借金のために江戸の私娼宿で六年の勤めをすることになった。容姿は悪くない上に、雪国特有の餅肌で、なじみ客も多かった。ある日店の内儀《ないぎ》が、四斗樽《よんとだる》を酒部屋に運ばせようとしたが、あいにく若い衆がいない。それを見たともよは、手鞠《てまり》でも持つように軽々と運んで皆を驚かしたという。これを見た

図24　女力持ち

亭主は、見世物にしたら大当たり間違いなしと考えた。
そこで、親しい香具師《やし》に相談の後、ともよに三ヶ月間力持ちの見世物に出てくれるなら、年《ね》季《き》証文《しょうもん》を破り、帰国の旅費も出そうともちかけた。日々故郷に残した老父を案じていたともよは、この申し出を受けた。見かけによらないともよの怪力ぶりは、大評判になり、連日大入りの盛況となった。

三社権現祭礼

浅草寺の本尊・観音像を隅田川から拾いあげた漁師、檜前浜成《ひのくまのはまなり》・竹成《たけなり》兄弟と、観音像をまつった土師中知《はじのなかとも》の三人を祭神とする浅草神社の祭礼が、三社権現祭礼である。

『武江年表』によれば、「浅草三社権現祭礼久しく絶たりしが、今年神輿乗船、産子の町々より出し　練物を出す」（安永十年三月十八日）とある。信鴻は、十五日「九時より浅草参詣」に出かけた。「途中賑也、十八日浅草三社祭礼にて浅草町〻二丁〳〵に大幟立る、東仲町にて出しをかつき稽古する様子」を見ている。山車《だし》については「色〻天鵞絨にて盃をつくり文字も置上け上に牡丹の花車を造り見事也」。「風神門内左右に高く桟敷を軒に等しく掛賑也」と、三社権現祭礼が復活したことを記している。

信鴻は、翌年も同日、「浅草美濃谷汲観音参詣」に出向いている。そこで、「風神門内大熱鬧」「観音参詣、護摩焼を見る、大群集故東の磴道を下り無量寿堂谷汲観音参詣、大に込合拝し難し、世話人竹囲を取、内陣へ入れ拝す、大幟数本風神門外にも三社祭礼の幟例の如く建」つのを見ている。そして「三社神楽を上るをみる」とあるが、祭礼は催されなかったよう

図25　三社権現祭礼

だ。以後、三社権現祭礼は久しく中絶する。再び祭が頻繁に催されるようになるのは、約四十年後の文政《ぶんせい》年間になってからである。

浅草周辺

浅草は一日遊んでも飽きないところであるが、その周辺にも面白そうなところがいくつもある。信鴻は浅草だけではもの足りなかったのか、隅田川沿いに上流へと足を向けていた。たびたび出てくる主な場所は、聖天《しょうでん》、遊女高尾《たかお》の墓、団左衛門《だんざえもん》（弾左衛門）敷地、浅芽原《あさじはら》（浅茅原）、真崎《まつさき》などである。

- 聖天（待乳山聖天《まつちやましょうでん》）は、推古天皇《すいこてんのう》三（５９５）年、霊山《れいざん》が一夜のうちに涌《ゆ》現《げん》し、金龍が舞い降り山を守護した、

図26　真土山（待乳山聖天）

という話がある。推古天皇九年の夏の干ばつに、大聖歓喜天《だいしょうかんぎてん》（十一面観音の化身）が現れ人びとを救済し、聖天さまとして祀られた。

・遊女高尾の墓は、道哲庵《どうてつあん》（西方寺《さいほうじ》内）にある。

・団左衛門《だんざえもん》（穢多《えた》・非人《ひにん》の頭領）は敷地内に白山権現があり、信鴻は穢多町とも記している。

・浅芽原は、鬼婆が住んでいたとの伝説のある原野。

・真崎は、隅田川を望む景観地で、真崎稲荷神社などがある。

たとえば、安永五年十一月、信鴻は九過（昼過ぎ）から二児を連れて浅草に出かけた。天気は良く春のような日和、お供五人と総勢八名である。

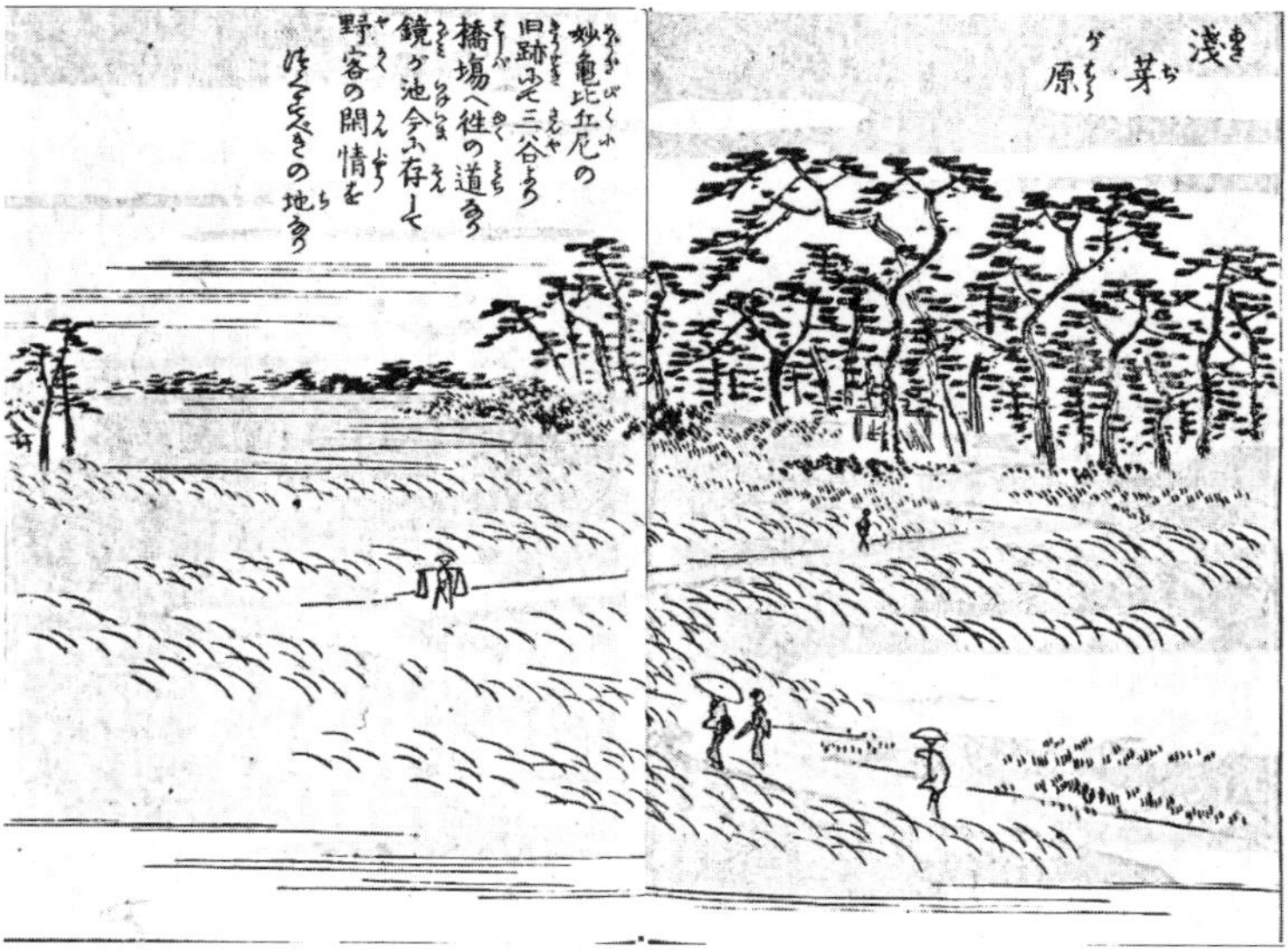

図27　浅芽原

最初の休憩地は上野車坂にある茶店・戸繋いせや、地蔵を参詣し、御門下にて似《に》面《づら》・烟袋《きせる》のうち秀鶴を買い、浅草観音を参詣した。

堂の裏に廻り、馬道菓子屋角より馬場三辻を左折し、聖天（待乳山聖天）を参詣。裏門へ出て道哲庵（西方寺内）へ入り、境内の遊女高尾の石切墓を訪ねた。そこには、小さい地蔵が彫られ、楓《かえで》の小木が植えられていた。

先へ進み、山谷堀の橋を渡り団左衛門表門より入り裏へ抜け、浅芽原へ出る。さらに、真崎へ行くと、その先で休もうとする茶屋の娘が出迎えていた。娘に、神明《しんめい》（浅芽原の先の）に今も狐が出るかと聞けば、出るとのことで「直に稲荷を

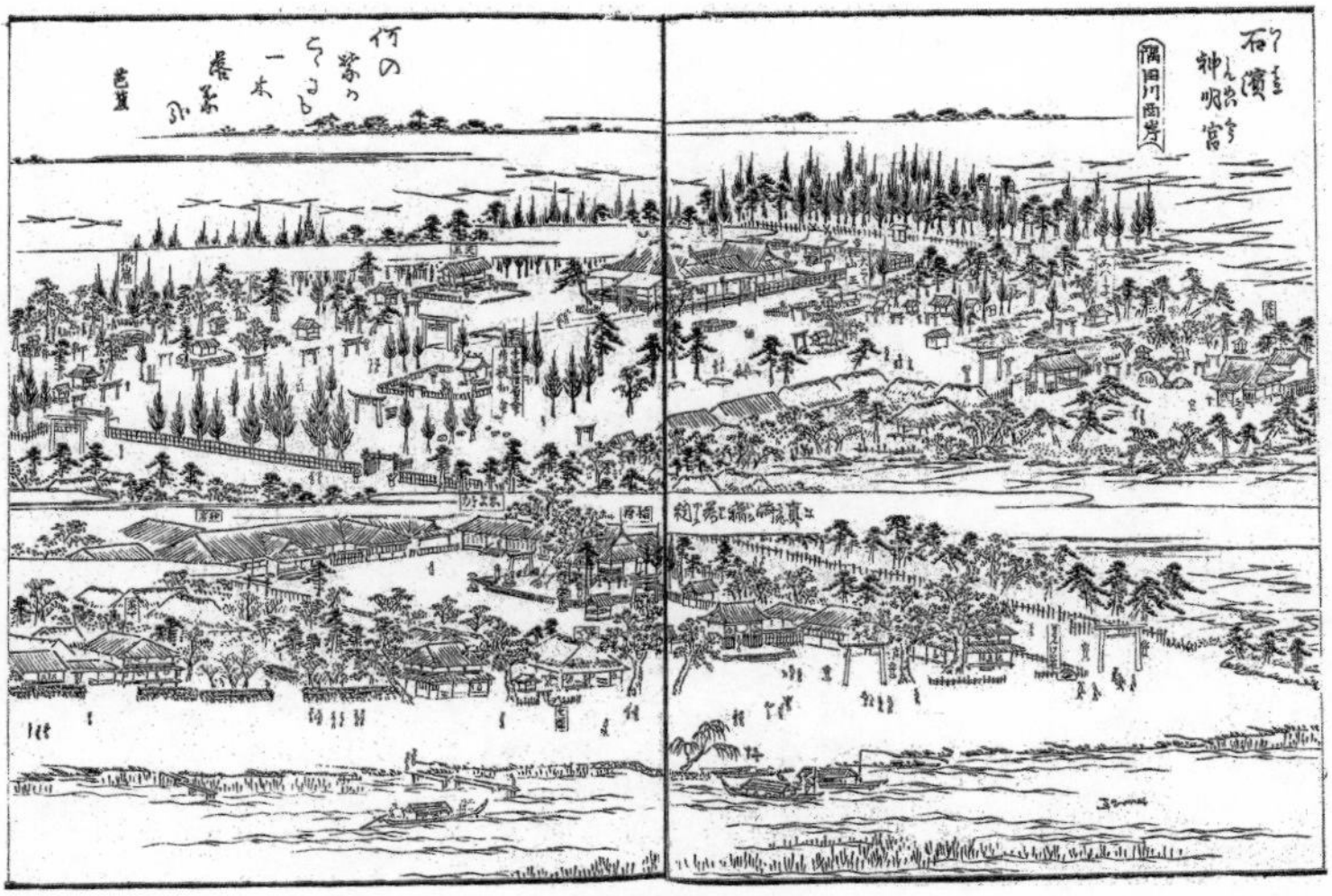

図28　石浜神明宮

行抜け行《テ》く」。

すると、吉原の女郎が藤色の着物を着て、やり手（婆）・禿・若者三人に付き添われて神明に向かっていく。そこで、信鴻はその後に付いて行くことにする。左辺の茶や鄽の婆に狐の事を聞くと、先月十四日迄は出て、その後は出ていないとのこと。以後も、女郎に付いて歩いていたが、稲荷の内を通るうち見失ってしまう。

そして、仙石屋に着くと、離《はなれ》坐《ざ》敷《しき》には侍二人町人二人がおり、そこで食事を取り、日暮れ前に店を出た。離坐敷では芸者春《はる》治《じ》が来ており雉《き》子《じ》唄《うた》を弾いていた。日記の後ろに、「団左衛門にて白山権現参詣」したと記されている。

次は安永三年十二月、「浅草の何某庵とか

やいへる麦飯を喫せしむ、精菜にて家具甚乾浄の由、それに行給ハんやといふ、それこそ興あらんとて行」と、麦飯を求めて出かけた。そこで情報を浅草境内の「戸つなき堺や」で、「右の庵を問ふ、答て曰、夫ハ梅若の母の墓有て寐寝庵といふ由、馬道の富士やといふ餅屋にて右折、馬場にかゝりゆけと云、観音へ詣し御影六ツ求め、岑願鮮の頭巾を賓頭盧に冠らしめ、直

図29　真崎稲荷之景

に裏門を出」る。

さらに、「ふしやの老嫗に問ひ藪下馬場へ出、それより壺山（待乳山）聖天に詣、長川（隅田川）を眺望し真崎手前迄ゆく」。「真崎へゆく道の濡地蔵の前へ出、その藪かけの庵妙寐の偏額をかゝく、喜て内に入下」、これで麦飯が食べられると喜んだ。早速、「僕（下僕）井端に米を洗ひ居たりし故、麦飯望にて来し」と注文する。しかし、「今日主僧家に非るゆへ　麦飯出来す、昨日も明日も麦飯有といふ」。それで「詮方なく庵を見て出」た後「梅若の母の墓を見る」。「夫より裏通り稲荷へ詣」で、仙石屋へ行き「菜飯・汁・漬物・大平・田楽」などを食べて帰宅した。

なお、信鴻は、隅田川の対岸にある木母寺には訪れているが、寺内の梅若塚についての記述がない。向島辺については、「三囲参詣、野遊の人多し、牛御前参詣、牛絵馬を僧に借り、弘福寺を廻り秋葉参詣、池辺茶やに休む甚賑也」、「木母堤、桃桜を並へ殖る事三四町はかり」など春の行楽地として記している（木母堤の桜は、八代将軍吉宗が植えたとされる）。

浅草周辺には、花見の名所だけでなく、紅葉狩りの名所・正燈寺《しょうとうじ》があり、信鴻も四回程訪れている。茶屋はあったようだが、紅葉の最盛期に当たらなかったのか特段の感想はない。

浅草周辺とは言えないかもしれないが、今戸《いまど》・真崎の先にも物見遊山に訪れる場所がある。信鴻は、昼前から「春遊」に、安永六年二月十四日「今日彼岸の終り阿弥陀参り往来甚賑し」

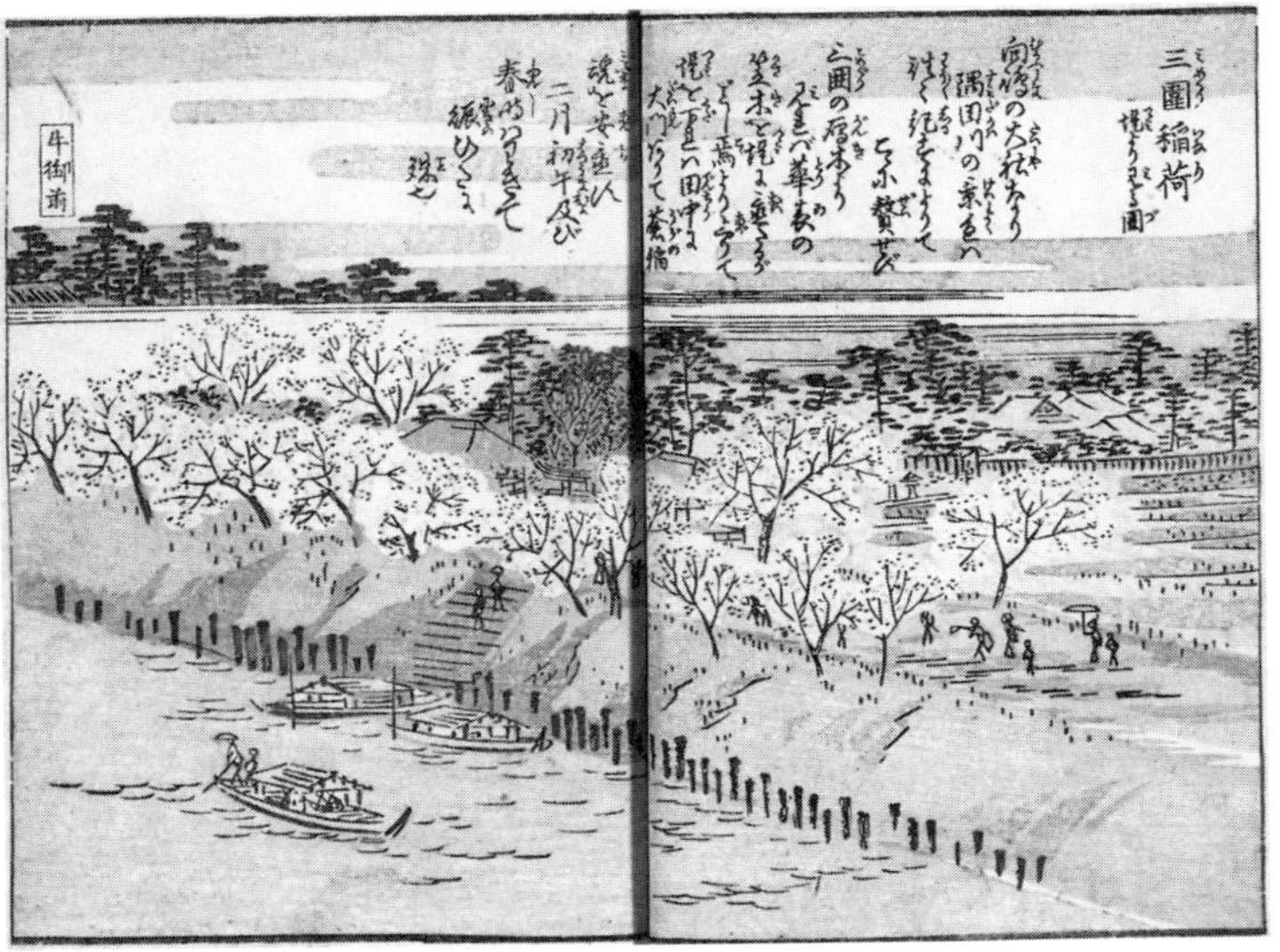

図30　三囲稲荷

と、尾久《おぐ》・千住《せんじゅ》方面から浅草に向けて出かけた。平塚明神《ひらつかみょうじん》（上中里《かみなかざと》辺りか）から下ると「行人にて塗甚込合、五歩六歩に路上仏を居へ、村姥数人念仏を唱へ、或ハ太鼓・鐘をうち建立の法施を請者夥く、疥癩（皮膚病）の乞僧路上に満ち、辻博奕有、畝中路上　皆貝（売雪の如し」とある。そして、「利島村第一番の弥陀（江戸六阿弥陀）へ詣」とあるが、それは豊《と》島村西福寺《しまむらさいふくじ》と思われる。

それから「利根川堤に添ひ東行」し、閻羅堂《えんらどう》わき田家一ツ屋《たやひとつや》に休み、恵明寺《えみょうじ》「第二番目の弥陀へ詣、堤上癩人多く支離夥し、念仏をいふ姥に望み二所にて踊を踊らせ見る、始め利島道に建立仏を出し法施を乞ふうちに十八九の奇麗成女

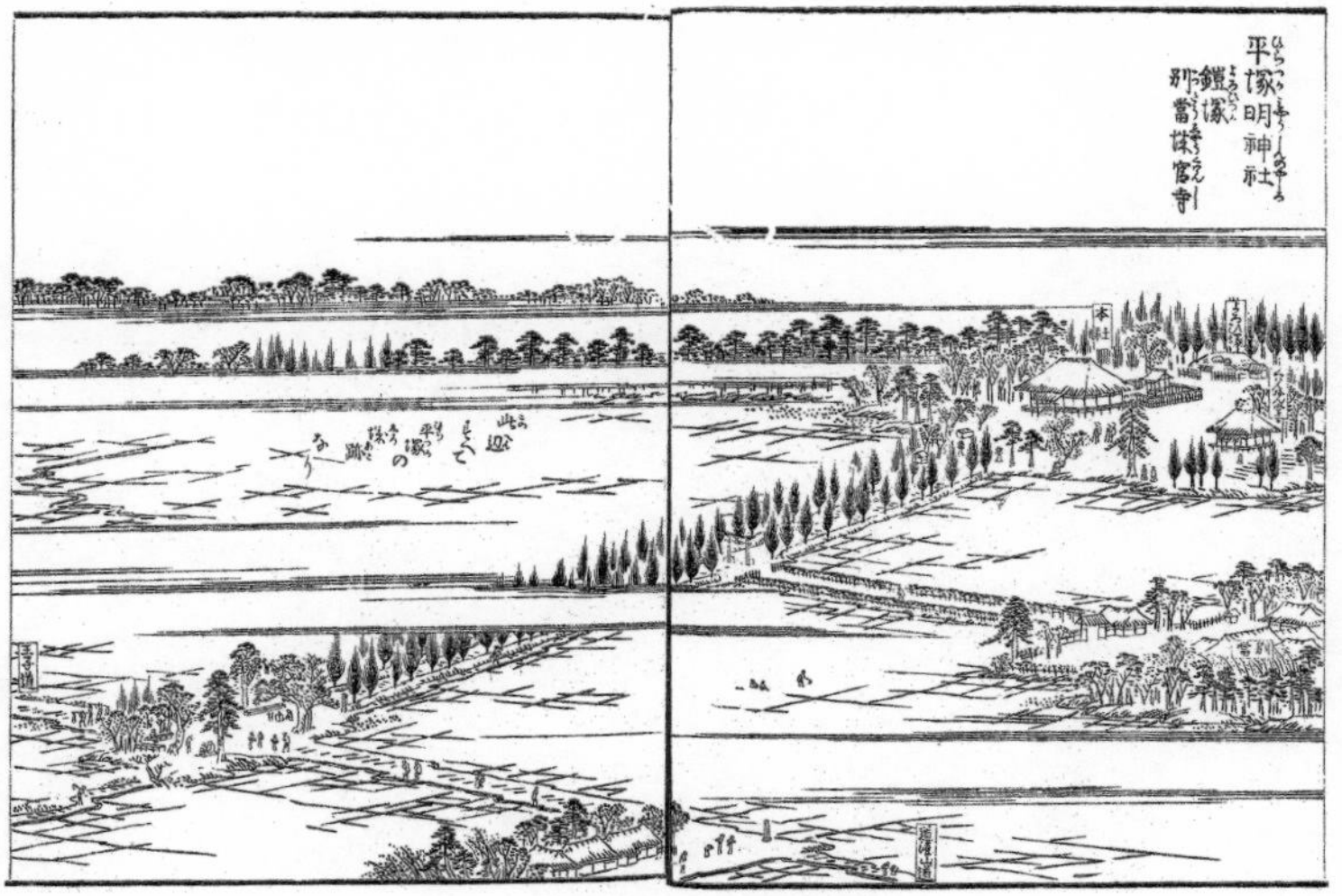

図31　平塚明神社

此方を見て会杓し咲ふ有」。その女は、「去年迄米蛙（息子）かたに居たりし女の由、今眉を取し故見違へし」。次に「第二の弥陀にて相撲取を見る」とあるが、取り組み勝負を見たのか関取を見たのかは不明。

さらに、尾久へ向かい、千住へ「一里八町といふゆへ堤に順ひ行」く。「左辺の森に上野中堂遥に見ゆ、二十四五町行て右辺川はは甚濶大にして川西柳樹多く緑色すてに萠出、春色愛すへし、風景画の如し、利島の渡しにて見たりし楼船を西岸へつけ氈なと敷て踏春の興を催すと見へたり」と景色を楽しんだ。「爰より千住東の里はつれ也、人家多し、堤にそひ左折二町計にて本宿東の口へ入、大橋を渡り西宿外津国やにて蕎麦・弁当を喫、新宿女郎鄽賑し、かしこに余程休み小塚原より今戸町へかゝる」。「今戸町より直行、土堤末へ出、今戸の橋、聖天前馬場へかゝり行、餅屋角へ」、そして浅草に裏門から入っている。

第三章

側室と訪ねる吉原

春の吉原

「夜桜を見に行く」とは、吉原へ行くことの隠語である。桜の名所であった上野山内は夜間は入場が禁止されている。近くで見事な花見のできるところが、吉原であったのである。吉原と言えば遊廓であり、物見遊山とは言い難いのではと思えるが、そんなことはなく、信鴻は夕涼みをしながら訪れている。

吉原では客寄せに、時節ごとに行事を催していた。十返舎一九《じっぺんしゃいっく》（喜多川歌麿画）の『青楼絵抄年中行事《せいろうえしょうねんじゅうぎょうじ》』によれば、「仲町年礼之記・夜具舗初之記・新造出しの記・袖留かね附之記・仲街花盛之記・内證花見之圖・夜見世之辨・燈篭之記・仁和嘉之記・文月之記・八朔之記・月見之記・倡客初會之記・居つゞけの記・曲中法式・狎客之辨・後朝之圖・餅つきの圖」とある。なかでも、「夜桜（仲街花盛之記）・玉菊灯籠（燈籠之記）・俄（仁和歌之記）」は、吉原の三大景物と言われた。

信鴻が訪れた吉原が、どのような場所であったか、日記から季節順に紹介しよう。

安永三年一月三日、信鴻は浅草参詣に続いて、「裏門より吉原土手右側取つきの茶や白玉やにて少休み、中町を見、遊女往来、茶や侍等甚賑行客群集、又白玉やに休み二階にて釣瓶蕎麦

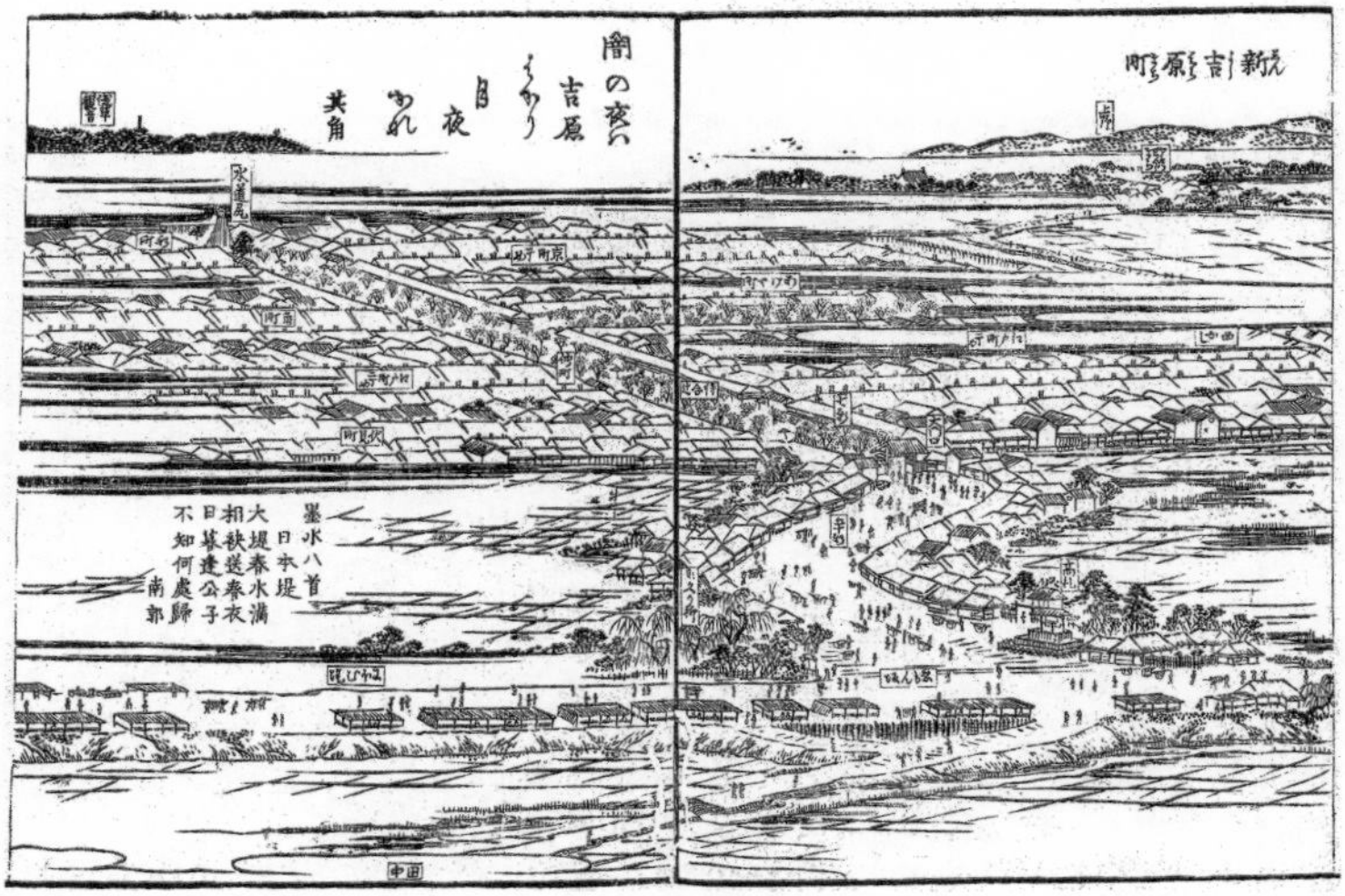

図32　新吉原町

（井戸の水を汲み上げる時に使われる綱に取り付けた桶に入れられた蕎麦）を喫す、二階より堤上見晴し行人を見る」と、正月の吉原に訪れ廓内の情景や土手を往来する人たちを眺めている。

安永五年一月七日は、「八過（午後2時）白玉やへ立寄、廓婆不在、女出るゆへ問へハ蔵に在由、無程出、刀を預け　五町見物、茶や廓共甚淋し、松ハ昨日の大風故取し由、京町一町目　廓少し出、引返し新町より裏通り二町目一町目を見る、豊後語り　花人七八人廓先にて芸をなすゆへ群集、江戸町一丁目末も見物して群集の様子ゆへ引かへし又白玉へ立より、酒肴なと出、暫在、武田細工人造りし由、大羽子版、少婦・少年高砂の押絵したる一双在、今ハ本郷追分に在由語る、袖の梅・

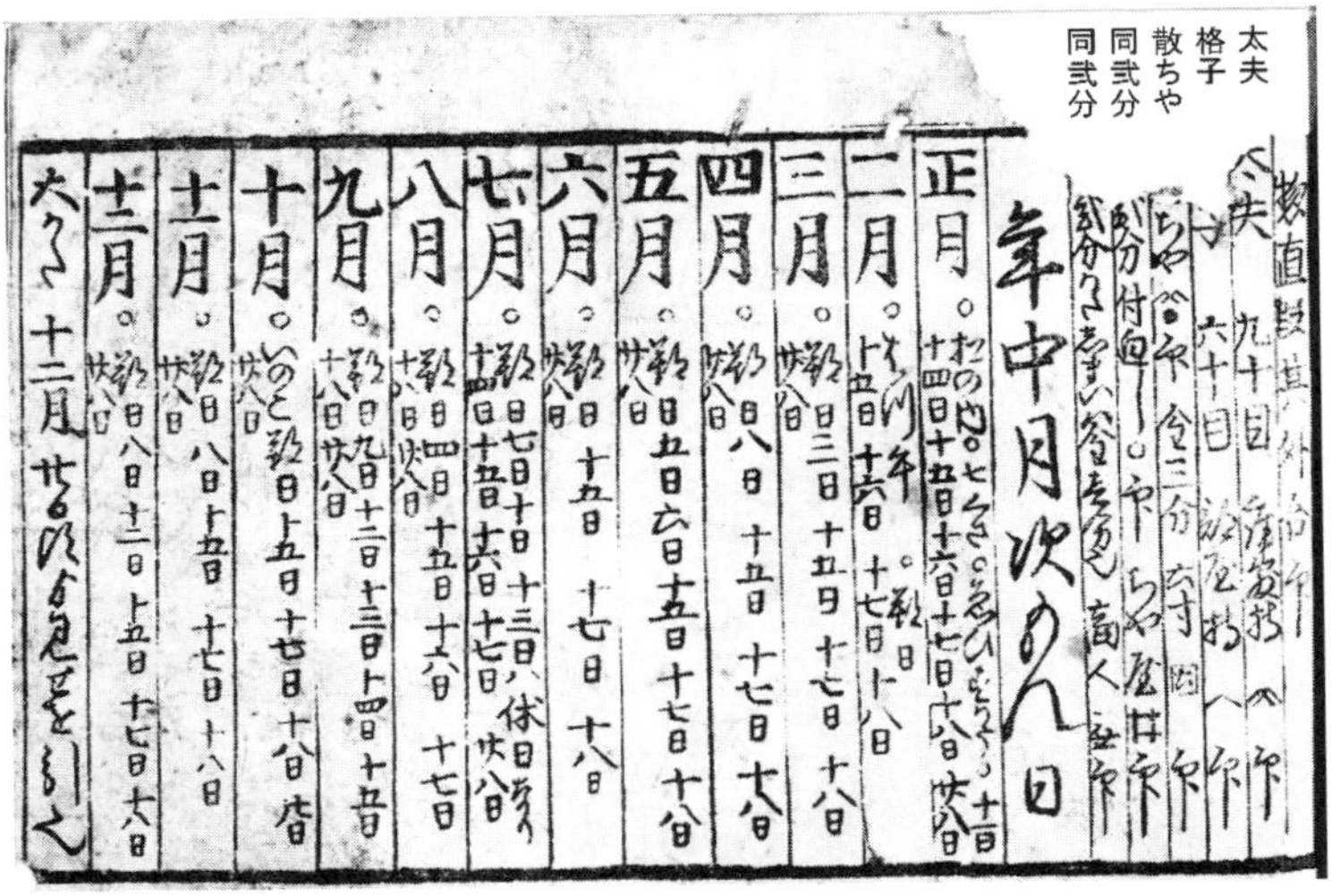

図33　年中月次もん日

細見もとめ、吸物出さんとて引留るを無理に起行」とある。刀はいつも身に着けていたのだろうが、ここでは預けて町中を歩いている。

二月四日は、昼から「吉原へ行、頭巾にて白玉の前を忍ひ大門に入、中の町賑し、新町辻より九郎助参詣、引返し又中の町へかかる、京町辻にて松葉屋瀬川を見る、江戸町手前にて扇や女郎連続出来、羽衣を肩へ掛たる打掛を着たるか扇や唐哥也、中町茶や〳〵に嶋台、唐哥を上の札付あり、所謂有景気也、二町目より明石稲荷参詣、引返し江戸丁へ入、又引かへし大門へ出る、桐や二階下共に先に来りし奥方有、白玉やにて下男みつけ立よるへき由いふ、直に土堤へかかる」とある。廓の入り口に、先程浅草の桐やで見掛けた松平大和の奥方がいた。大名の奥方も供の女中十五、

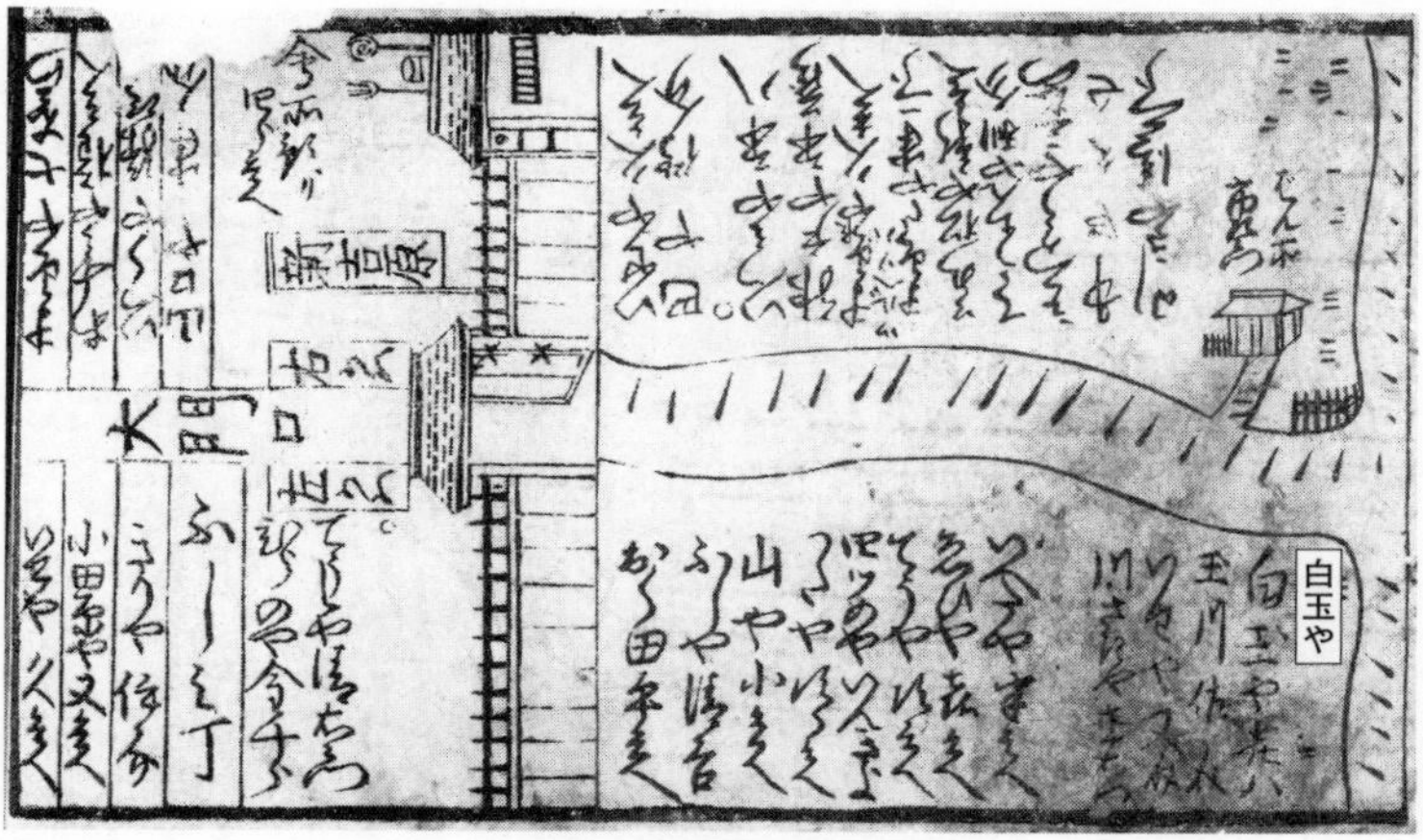

図34　新吉原大門周辺

六人を連れて廓内を見物していたのであろう。

天明三年三月五日は、お隆（側室）を伴って浅草に向かい、途中の上野は「桃満開、山桜半開」であった。浅草観音を参詣後、吉原「白玉や」より中町越前屋《なかまちえちぜんや》へ行き、「桜皆植る、揚屋町江は楓を植甚賑し、扇屋花扇・丁字屋丁山等を見る」。そして、「六過起行、京町一丁めより東河岸、江都町一丁メ夜鄽を見、大門前にて男女道を隔行、大門外」へ出る。信鴻は側室を連れて、吉原の夜桜を見ている。なお、夜桜といっても、見たのは午後7時まで。それでも帰宅は「四時」、つまり午後10時にもなっている。

秋の吉原

安永三年七月三日、夕方五時過ぎに出て、「金

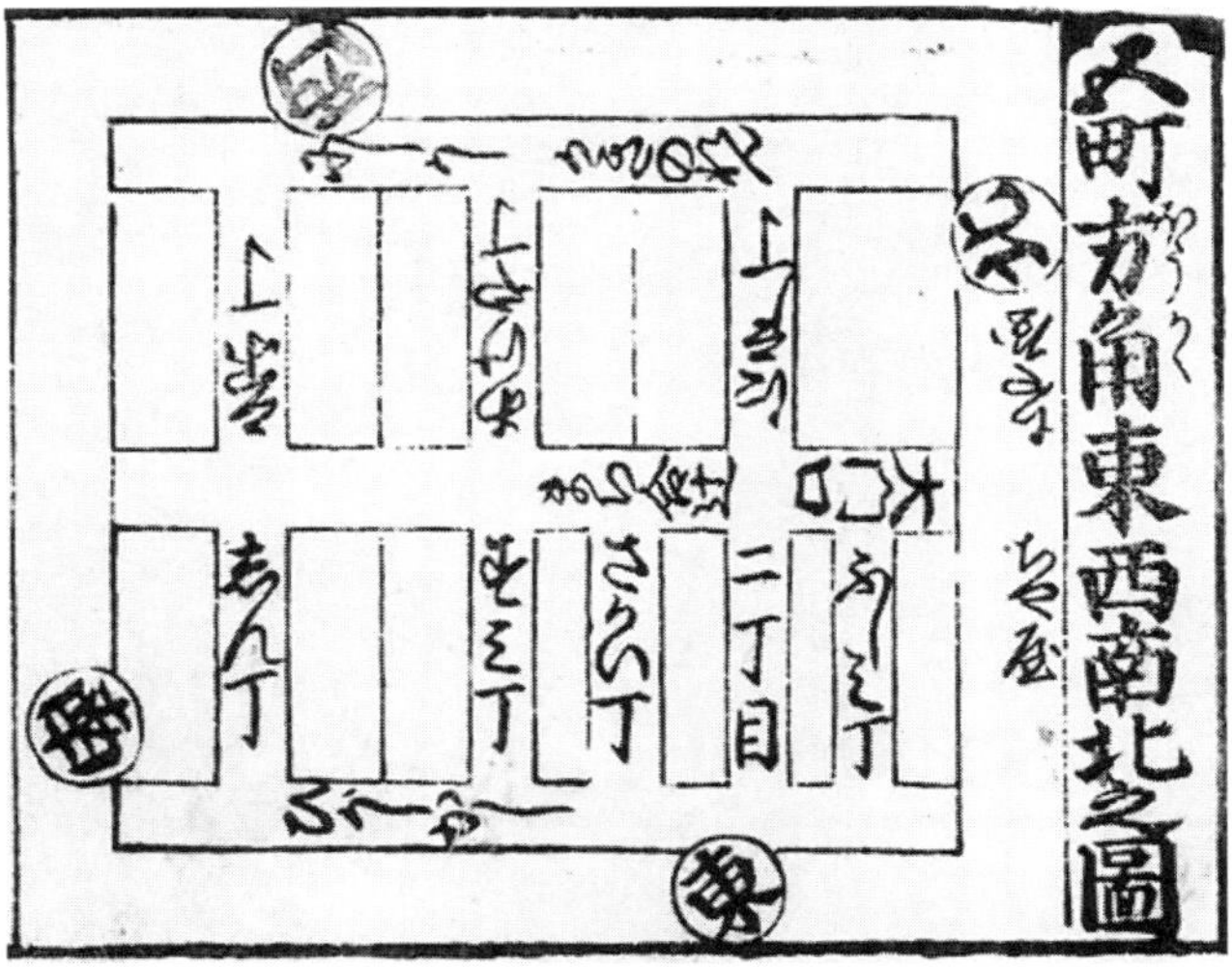

図35　吉原之図

杉より夜に入、白玉やへ行、無程五町町燈籠見物、白玉や女房提燈先に立、大門入口中村舞台顔見せ挑燈の飾物、江戸町角より屋根上丸挑燈、朱衛山の燈籠、碧ヒイトロ霞、屋根の上紅白縮緬帆掛舟、堺町向より軒下銅燈籠、屋根上松の並木、軒より軒へ反橋、揚や町角より尾根上八景の気色、人形堅田瀬山駕道へはり出し、角丁より鄽先へさきにつくり棟舟の額に燈を点し賑ハし、されと大群集にあらす、京丁一町目を見、引返し又中の町より江戸町一町め」とある。暦は秋に入るが現代では八月、納涼の物見遊山で、帰宅は四過（午後10時）である。

その翌年の七月八日も信鴻は出かけ、「黄昏白玉やへ至り小休み、主婆を連、暮過より燈を見」に中町へ入った。「江戸町辻こ両庇

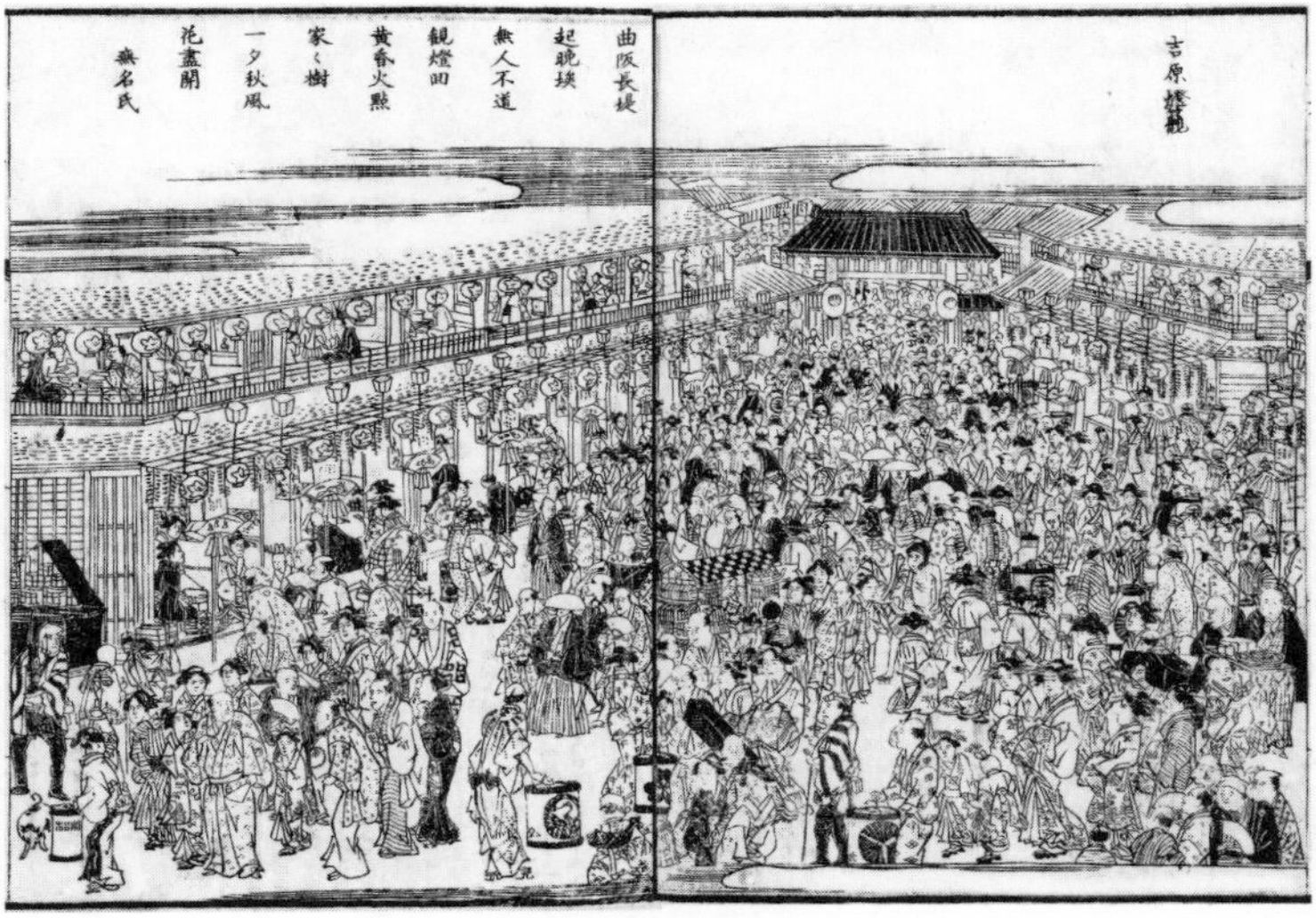

図36　吉原燈籠

より舞台を出し、石橋作物、面蠟人形からくり」、西側の「江戸町一町め左ハ庇上を皆大橋の欄杆に作り、下に舟を掛し風情、右ハ淡雪のれん掛式ハ見物有、堺町角より軒に松に蔦の紋挑燈、下ハ一町溝を掘水を湛へ、一店〳〵に小橋を掛、鴛鴦の燈に火を点し水に浮ふ、揚や町より両方松の作物・松の挑燈、水道尻に富士をつくり、祐成時致（曽我祐成と曽我時致）挑燈籠を設く」。南側奥の「京町一町目を見」、中央にある「揚や町へ入、庇上に笠の橋、下に白鷺立、夫より又中町へかゝり二町目へ出」、大門近くの「伏見町を見る、通ふ神万燈子供中の額、入口にお旅所有、中町口に華表、夫より石橋人形からくりを見る〔店婆下男を先へつかハしからくりを初めよと申つかハ

図37　八朔之図

す」。「直に大門を出」ると、「深川にて召捕し妓の由、辻竹輿にて二人来」る。「白玉に休み、釣瓶そは喫、主婆干糕をみやけに進む、松葉や瀬河か出せし燕子花作り　花に盃を　紫ふくさ（袱紗）につゝみ　花にせしをみする、少婢めりやす（長唄の一種）を諷ふ（高尾といふうたの由）」。「五過（午後8時）起行」。

安永三年七月十七日、午後五時過ぎに散策に出たが、「両国にハ遅き故娼門の替し燈籠見んとてゆく」と吉原に向う。「暮時に白玉やへ至り直に燈籠を見る、大ニ群集人叢分難し、中の町左右ちや屋多く、人形からくり・屏風・ついたてなと思ひ〳〵の燈籠也、大に込合ゆへ左右を見る事不能、左側はかり鄽先にそひて見る」、あまりにも大勢の人が群集し、左側の店だけしか見ることが出来なかった。さて気になるのは、

図38　春信・吉原見世

その後の行動である。「京町一丁目にて珠成此程遊し俵屋みせにて格子を見る故、浅野と二人のこし、末まて行」と、息子の珠成と浅野を残し先に行った。「かへりに俵屋へ立寄て籬より見、啜龍・米社か知りし娼婦も有、珠成か逢しハ格子の側に立て立寄ん事をいふ」とある。息子たちはともかく、信鴻は籠の中を覗いてはいるものの、店に入り遊ぶことは無かった。その後の信鴻は、見過ごしている中の町右側の燈籠を見、「江戸町二町目より西河岸新町、京町へ又出、東河岸江戸町より大門へ出る」。その時刻は、「初夜過也」であるから、午後8時過ぎ頃であろうか。三時間ほどふらふらと歩き回ったので、小腹が減ったと見えて、大門近くの「白玉や」二階にて、釣瓶蕎麦を食べる。店を出ると、「夜色月色明に天水のことく白雲流る、

図39　仁和哥之図

甚秋の気色ふかし、萩寺あたりより南風孤雲飛事はやく、折こ月を翳して飛ふ」と記している。大名の物見遊山らしい心境が窺い知れる。疾《やま》しいことはしていませんなどと、云《い》わなくてもこれで十分である。

安永五年九月十四日、午後一時前に出「白玉やへ立寄鄽婆を伴ひ大門に入、俄祭を見る、未初らす大門内大に群集、門脇会所へ案内するゆへ這入、婦人老若四五十人並居て祭を見る、内に入煙を弄し茶を喫す、奥八畳二間持仏在、主婆仏を賛礼す、六半程過て祭り江戸町より来り会所の前にて芸をなす

第一番家台草摺引〔若山はやし物○禿を競ひに仕立綱を引しむ○此家台火炎玉やより出る○五郎あさひな初みなかふろなり〕

ねり頼光山入独武者四天王〔皆禿なり佐介万

字より出る〕○獅子舞〔よりて出す〕○玉仙山万燈〔十四五の芸者仙女の粧にて持〕○相の山〔同断〕

第二家台琴責〔重忠岩永上下あこや琴を弾みな禿○扇やより出〕ねり五人男〔皆禿也〕

第三相撲〔相撲取二人行司一人○去年勘三皃見の相撲の唄にて所作禿也○松根や〕

第四樋口逆櫓場〔皆禿也人形たて甚好黒坊つかふ甚妙とゞ舟頭をさし上拍子木○松葉屋〕

六半過すみ直に白玉へ寄、五町会所の挑燈持たる男前導（略）五半前帰家」とある。

以上が信鴻の吉原見物である。現代では、立場のある人が吉原ソープ街はもちろん、出会い系バーなどを覗くことすらも、軽はずみにできる事ではない。しかし、江戸時代には案外普通に行われていたようだ。元郡山藩の殿様（信鴻）と言えば、今ならその石高から県知事か市長にでも該当する人だ。それがお忍びではなく、ある時は側室を伴って、またある時は息子と五人のお供を従えて堂々と吉原へ物見遊山に出かけた記録である。

図40　吉原夜桜

第四章

風流な江戸の空模様

晴

出かけるにあたって気になることは、今も昔も天気である。何処に出かけるか、天気次第ということも少なくない。そのようなことが念頭にあるのか、信鴻の日記は、日付に続いて天候が詳しく記されている。物見遊山においても、途中の天候変化を機敏に感じ、逐次記している。たとえば、「両国廻向院へ行（略）帰路浅草門より出、洞雲根はれ半天に上り雨少至、石川ハ風出へしと言、其余は霰至らんと言、賭にする（略）雨頻に至らんとす、日沈む」とある。道中の天候変化も、信鴻にとっては楽しみに趣を添えるものだったようだ。そのため、天候の観察・記録はとても味わい深いものになっている。

日本の気象庁では、気象情報に次の15種類を用いている。快晴・晴れ・薄曇り・曇り・煙《えん》霧《む》・砂《さ》塵《じん》嵐《あらし》・地《じ》吹《ふ》雪《ぶき》・霧・霧雨・雨・霙《みぞれ》・雪・霰《あられ》・雹《ひょう》である。

これは、科学的な基準で判別するもので、「快晴は、空全体に対して、雲の占める面積が2割未満の状態」や「晴れは、雲の占める面積が2割以上9割未満の状態」とある。現代人にとっては、晴の分類は二つで済むかもしれないが、同じ晴でも微妙な様相を示すには大まかすぎると感じる。それに対し信鴻は、微妙な変化を子細に、実に情緒的に記している。

「晴」に該当する記述を示すと、「大快晴・快晴・大霽・蒼天・大晴・はるゝ・日和よし・日和好・日和好沍」などがある。

「大快晴」は、全く雲がない状況を指しているのだろう。なかでも注目したいのが天明二年四月五日の「大快晴今年の日本晴」。よほど素晴らしい晴なのだろう、味わってみたいものだ。

「快晴」は、現代の快晴に該当するものと思われる。

「大霽」（安永三年三月十一日）、「霽《せい》」の意味は「はれわたる・さわやか・心がさっぱりする」などの意味合いを示したものであろう。

「蒼天」（安永二年五月八日）は、晴れて空の蒼さを強調するものだろう。

「大晴」は、「大晴白雲流」（安永二年五月九日）、「大晴孤雲」（安永二年六月十七日）と記され、雲の存在が印象的であったのだろう。

「はるゝ・日和よし・日和好・日和好沍」は、気象庁の快晴に含まれ、気分のよさを加味したものであろう。

また、「快晴大麗」（安永二年二月廿六日）のように、修飾語を添える表現があり、「麗・うるわしい」気分を表したものだろう。

「日色朗こ」（安永二年十二月十六日）も晴れを示す中に、澄み渡る感触を感じたものだろう。

なお、おもしろいのは、現代ではよく使用される「五月晴れ」「秋晴れ」などの言葉は見つからないことだ。

曇

「曇」の記述を示すと、「曇り・雲あり・大曇り・一面陰雲満・有雲・鰯雲多し・雲靉靆・鬱雲多・陰少・陰る・薄陰・陰勝・雲折々日色を覆ふ・花陰」など、「晴」より数が多い。

これらの表現は、「薄曇り・雲の占める面積が9割以上で、巻雲、巻積雲または巻層雲が多い状態」や「曇り・雲の占める面積が9割以上の、前記以外の状態」では納まらない表現である。

「陰」を曇のカテゴリーに含めたが「一面陰雨折々少し」(安永二年三月十四日)と、文字通り明暗を示しており、現代の「曇り」とは異なる。

「雲あり・有雲・鰯雲多し・薄陰・陰少・陰勝・雲折々日色を覆ふ」は、現代だと晴れと判断するかもしれない。分かりにくい表現に「靉靆《あいたい》」(安永三年八月十九日)があり、雲が「たなびくさま」「空を覆う様」を表したものであろう。

気になるのは「花陰」(三月二十五日)で、「花曇り」とは記していない。感覚的には、信鴻の「花陰」の方が馴染むと思う。

図41　浅草金龍山

雨

「雨」について、気象庁では、「直径０・５ミリ以上の水滴が降っている状態」。

「霧雨」は、「直径０・５ミリ未満の細かい水滴が降っている状態」。

「霙《みぞれ》」は、「雨と雪が混ざった降水の状態」。

「雪」は、「結晶状態の氷滴が降っている状態」。

「霰《あられ》」は、「直径５ミリ未満の氷滴が降っている状態」。

「雹《ひょう》」は、「直径５ミリ以上の氷塊が降っている状態」。

「雷」は、「過去10分以内に、雷電または雷鳴があった状態」。


信鴻の記述は、「雨・小雨・猛雨・時雨・村雨・五月雨・繊雨・雨蕭々・霪雨・雨森々・沛然・霈然・霂霡・霖淫・霖雨・大澍・霎・白雨・涼雨・雨滂沱・雨霏々」など、「雨」は「曇」以上に数が多い。

これらのうち「雨・小雨・猛雨・時雨・村雨・五月雨」は、今でも普通に使われる。「繊雨」（安永二年七月廿四日）も、何となく「糸のように細い」雨、それも「こまやか・しなやか」に降る様を感じる。他については、次のように推測する。

図42　梅屋舗

「雨蕭こ」（安永二年八月八日）は、「しとしとと降り続く」雨。

「霪雨」（安永二年八月廿三日）は、「降り続くなが」雨。

「雨森こ」（安永二年九月六日）は、雨が「奥深く静まりかえって降るさま」。

「沛然」（安永二年九月廿六日）と「霈然」（安永二年七月三日）は、使い分けていることから、違いがあるかもしれないが、「雨が勢いよく降るさま」を示すものだろう。

「霡霂」（安永四年十月十八日）は、「昔の書き言葉で小雨」を示すらしいが、小雨よりさらに細かい雨を指しているのではなかろうか。

「霖淫」（安永二年閏三月九日）、「霖雨」（安永二年閏三月十日）は、長雨を示すと思われ、それも「霖淫蕭々寒」と使用され、寒々しく止むことのなく続く雨を表していると解釈した。

「大澍」（安永二年九月廿一日）は、「澍《しゅ》」が「うるおう」「慈雨《じう》」の意味から、程よい時の大雨と推測する。

「霎」（安永二年七月廿三日）は、通り雨、小雨らしいが、瞬く間の雨と推測する。

「白雨」（安永三年四月廿五日）は、俗に言う天気雨、「明るい空から降る雨」であろう。

「涼雨」（安永二年五月卅日）は、「涼しさをもたらす夏の雨」であろう。

「雨滂沱」（安永二年四月十五日）は、雨が激しく流れ落ちるさまを示すものであろう。

「繊雨霏々」（安永二年七月廿四日）は、しきりに降っている様を示すのであろう。

信鴻の天候を示す表現は豊かで、その記述を見るだけでも心が和む。江戸時代の人々の感性の細やかさは、このような天候観察から育まれたものであり、自然観察にも大きく影響したものと思われる。

図43　大はしあたけの夕立

第五章

見世物と開帳の両国・亀戸

両国広小路と廻向院

筆者はこの辺りの昭和中期から現代までを知っているが、都電がなくなり、高いビルが建った他はあまり変わらない。江戸時代の面影を求めて、豊嶋町《としまちょう》（現在の千代田区東神田二丁目）から歩いて広小路、両国橋をわたると、右手の奥に廻向院の門が見える。さらに進むと、鼠《ねずみ》小僧《こぞう》の墓があり、ようやく江戸時代の名残を感じるくらいである。この廻向院は、明暦三（1657）年の大火・振袖火事の焼死者十万余人を葬った万人塚が始まりとされている。その後、災害による死者をはじめ、刑死者や無縁仏などを埋葬している。また、両国橋や広小路も同じ時期に出来上がった。

以後、交通の要所となり、両国広小路・廻向院周辺は、江戸の盛り場として浅草の賑わいを凌いでいた。特に、廻向院は開帳が盛んで、居開帳（廻向院で催す開帳）は八回であるが、出開帳（廻向院以外の寺社が催す開帳）は何と百六十六回と圧倒的な数を記録している。開帳に伴う見世物は庶民に人気があり、その賑わいには誰もが注目した。信鴻も、物見遊山に廻向院へは足を向けざるをえず、通過を含めると、年に数回訪れることもある。その中で、興味ある開帳や見世物、同時代に活躍した平賀源内《ひらがげんない》に関連する日記を紹介する。

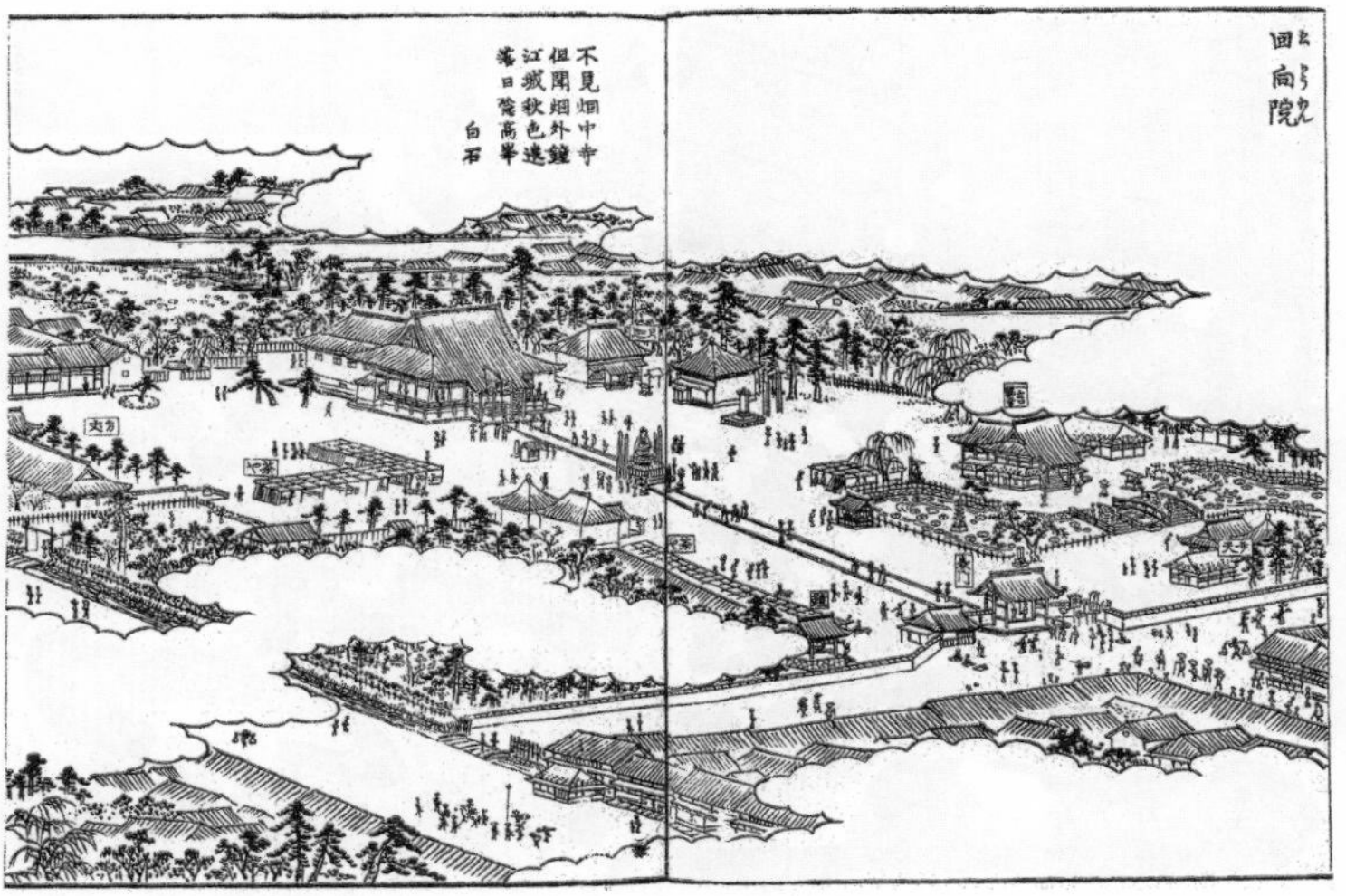

図44　廻向院

安永三年四月九日、「廻向院左側仮屋、大師河原平間寺の大師開帳〔弘法四十二歳彫刻〕（略）右側第一戸つなき茶屋に休み直に起行」とある。なお、両国では「放屁男（平賀源内作『放屁論』の素材）」の見世物が興行され、大人気を博していた。

安永六年四月六日、午後から浅草で開帳や見世物を見た後、「大（第）六天内より両国へ行、とんた霊宝と幟出したる見せ物を見る、人叢分かたく木戸込合ふ、干魚・貝物等にて三尊弥陀・不動・役行者・鷹・龍・虎等を作り、細工趣向感するに堪たり、橋を渡り廻向院へ行、備中千体弥陀開帳の幟を立、南側に仏像あまた開帳」とある。その十日後の十六日、「九比より川東遊行」と、昼から隅田川の東側へ出かけた。亀戸開帳（亀戸社内花園《はなぞの》大明神《だいみょうじん》開帳）からの「帰路橋左桜屋にて菜飯・田楽を喫ひ、柳嶋より報恩寺前南折、新坂町、入江町にて西折、津軽前、廻向院前和泉や　大和茶にて休み　綿入を着、両国とんた霊宝の南に　同断とんた霊宝の幟建たる　見せ物在、入て見れハ　隣の細工に小シも違ハす　手際あしく、見せ物板行を買ひ、柳原堤より」夕方帰る。信鴻にとっては関心あるものの、「とんた霊

図45　放屁男

図46　廻向院開帳参

宝」は不興であったようだ。

安永七年六月二十九日、「明七半頃起、六ツより廻向院開帳　善光寺如来参詣」と、早朝5時に目を覚まし、6時に廻向院へと出かけている。「昌平橋　橋外番屋厠にて大解」と手洗いに寄って、「両国橋群集、橋向より、左へ廻り弁天前より裏門へ入、甚群集、浅野玄関へ行、綟子かた衣（麻糸で目を粗く織った布で作った袖無しの上着）着たる士へ対談、玄関より通る、広間に僧列坐、堂裏より内陣へ通り拝す、善光善佐、弥生の前木像在、又玄関より出、浅野御初穂を渡し、寐釈迦開帳堂左に在を拝し、太子自彫木像同断、弥陀尊像の板行十一枚・寐釈迦尊像一枚求め、又裏門を出、門前和泉屋に須叟休み、両国橋西水茶屋にて帷子着替る」とある。その日は、時

図47　両国橋

折小雨が降るような天候であったが、湯島などを巡り夜の9時ごろ帰宅した。

その後の七月二十二日、浅草参詣に出たついでに「よき天気なれハ廻向院へ」寄っている。「両国より群集昔日の如し、左折裏門より入、鞍岡を玄関へ遣し　御初穂納め、玄関より上り内陣にて拝し　涅槃尊像を礼す、群集夥し、表門より出又裏を廻り、両国河端　三間目水茶屋に休み太平の飾物といふ作り物を見る、或ハ櫛簪類・算盤財布類・骨柳飯櫃類・墨筆類・干物類なとにて飾　具足鎧兜を作りたる也、夫より柳原新橋」へと、この日も湯島などを巡り帰宅した。

この善光寺《ぜんこうじ》如来出開帳は、「空前の人出」だと、平賀源内（『菩提樹之弁《ぼだいじゅのべん》』）や大田南畝《おおたなんぽ》（『半日閑話』）も書いている。源内は、開帳の人寄

せに協力し、「名号牛《みょうごうぎゅう》」の見世物の企画を企てた。名号牛とは、黒毛の子牛の背に、白毛で「南無阿弥陀仏《なむあみだぶつ》」という文字が浮き出たもの。「牛に引かれて善光寺参り」という諺にあやかろうという向きも多く、見物客が押し寄せた。見世物には、千年土龍《もぐら》（タヌキを、千年を経たモグラの王と宣伝したもの）、鬼娘などが出た。庶民は、これらがいずれも、インチキ臭い出し物であることはわかっていた。が、大勢の人々が面白がって参詣もそこそこにあやしげな見世物や露店へと向かったのである。

この荒唐無稽の見世物を目当てに参詣した人は、どの位いたのだろうか。大田南畝は、廻向院周辺を訪れた人数について千六百三万八千人と具体的な数字で示している。ただこの数は、当時の江戸の人口（約百万人）や日本の人口（約三千万人）を考えれば、過大なことは一目瞭然である。だが、この驚異的な数字から見て、江戸の住民の大半が訪れていたことはまず、間違いない。

ちなみに、信鴻の側室・お隆も七月二十四日、「五前よりお隆廻向院参詣、供小枝・浅野・

下山・富貴・何佐・高橋・相原・五味・幾うら・谷・いよ・通・辻・りの・もよ・伊達吉・大吉・弓・高・久米路・鵜羽婢一人」と、朝の8時前から二十二人もの供を連れ廻向院へ出かけたほどである。

亀戸

亀戸と言えば、亀戸天神（天満宮《てんまんぐう》）が思い浮かぶ。亀戸天満宮は、寛文《かんぶん》二（1662）年、太宰府《だざいふ》天満宮の神人・菅原大鳥居信祐公《すがわらおおとりいのぶすけ》が、社殿をはじめ太宰府の社に倣《なら》って造営したのが起源とされている。現代の亀戸天神の魅力としては、梅の名所、うそ替え神事や神忌祭《しんきさい》などがあげられる。また、広重や北斎の浮世絵に描かれた太鼓橋、藤の花など、江戸時代からの情景も残っている。

信鴻は、梅見、藤見、菊見などの花を求めて訪れている。亀戸を訪れるルートは、大川橋（吾妻橋）を渡って行く陸路と、船に乗る水路がある。信鴻は、その両方で出かけている。

安永五年一月十四日、昼から出かけ、まず両国橋南二間目の水茶屋に休み、大川橋を渡り、亀沢町通りを東へ十七、八町進み、中橋を渡り東行、津軽侯家下邸《つがるこうけしもやしき》から亀戸橋へ出ると天神社内となる。「梅見甚少く遊客稀也、天神社内を廻り四辻東角茶やに入、菜飯・田楽を喫し」、

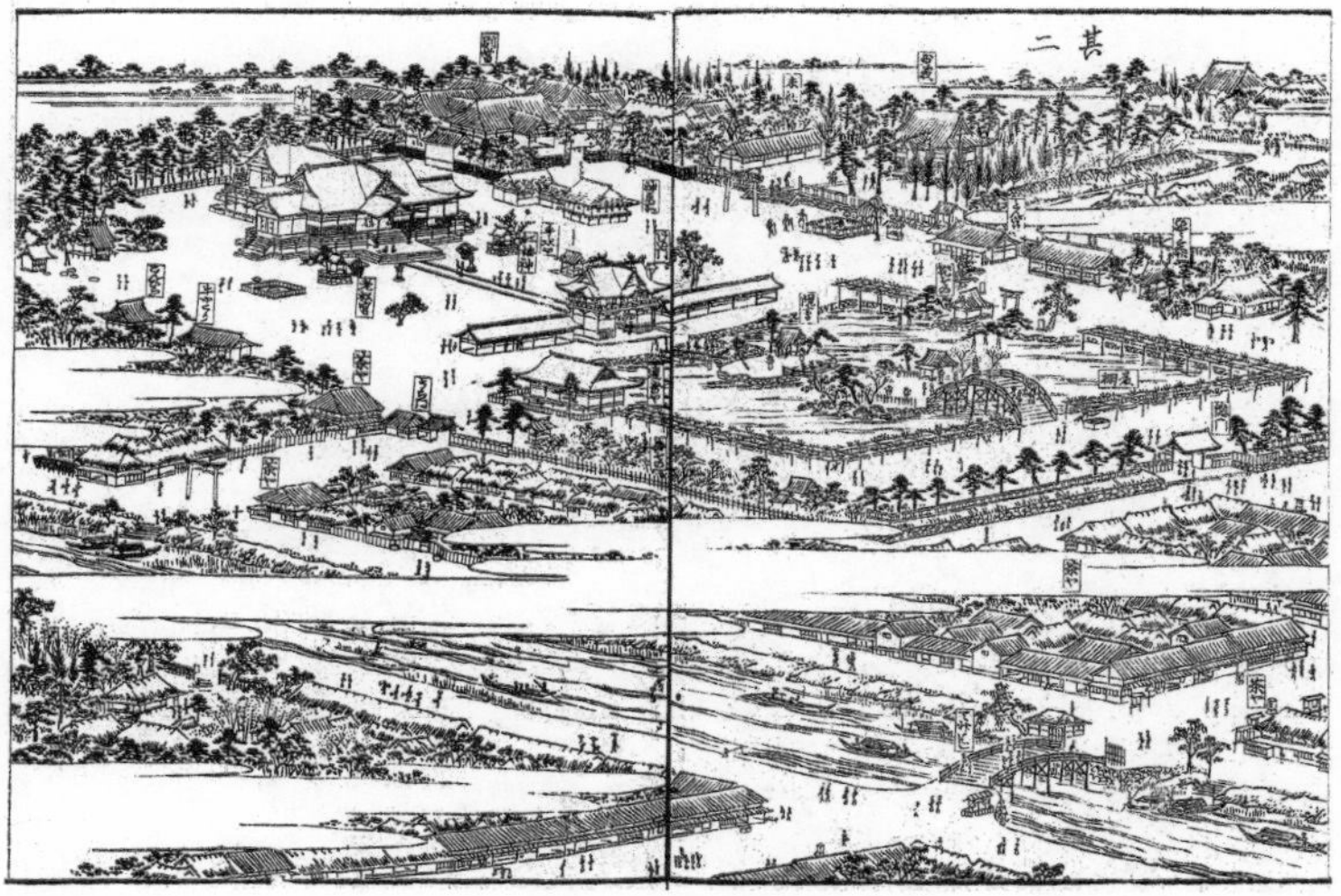

図48　亀戸天満宮

そこで嫁菜《よめな》を買う。「福聚山寺内を通ぬけ梅館に至る、遊客少し梅真盛也」とある。なお「梅館」とは、呉服商・伊勢屋彦右衛門《いせやひこえもん》の別荘「清香庵《せいこうあん》」のことで、三百本ものウメがあり、その見事さから「梅屋敷」と呼ばれていた。そこから堀に沿って歩き、「吾妻橋を渡り吾妻森」へ出たものと思われる。

そして、「小梅へ出、常陸侯下邸の脇を通る、堤上人さはき　河中を臨む容子也、聞くしむれハ　流死骸、数ケ所金瘡有由、菰をかけ番つき在」と、数ヶ所切られた死体があることを聞く。次に、浅草へ行き伊せやに寄ると、そこに狂女と男がつかみ合いをしていて、それを見物する人がたくさんいた。浅草餅《もち》の店前では、女児が坊主をからかっていたり、妙な事件を目撃した。その後寒くなってきた

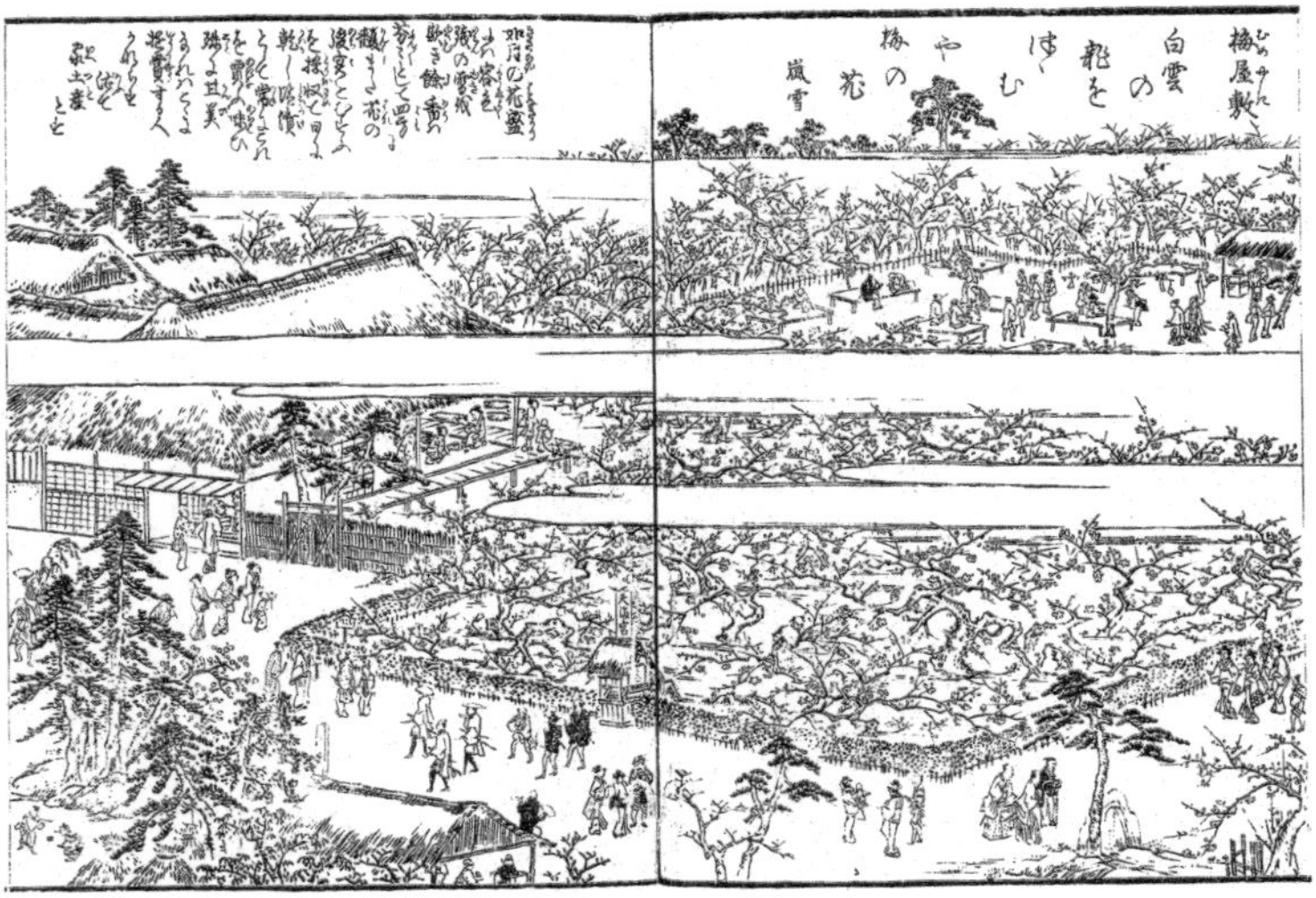

図49　梅屋敷

こともあって、そのまま帰宅した。

安永七年九月十九日は、午前11時前から亀戸に菊見に出かける。暑くなったので「本郷六丁目左側質屋へ立寄袷に着替」。それから「湯島聖廟拝し　男坂上伊せ屋に休む」。筋《すじ》違《ちがい》外（万世橋付近）に着き、小楼船《しょうろうぶね》（屋形船）に乗り出発した。船で出かけるのは、歩かず楽なことと、船内での飲食、歩行とは違う視線での眺めなどの楽しみがある。

「引汐にて船伝ひに乗、供船に仕出し茶屋の者等乗る」。信鴻一行は、「四ツ目にて船留め、茶屋の者乗移り、米をとき竈へ鍋を掛なとする」と、食事の用意を始めた。しばらくして舟が出ると、「右方をやね船にて過るを迹（後）より見れハ珠来（息子）也、手を敲き招けハ黙礼し過る」。息子の乗る「彼舟ハ早

図50　亀戸天満宮の藤

く我舟ハ遅く、無程船影も見えす、引汐故舟行甚遅し」、それでも午後2時過ぎ頃、「亀戸橋手前一町計南へ着て」、船内で弁当を食した。

「夫より鳥居西側端の茶屋に珠来等奥に在」、そこは「聖廟左側別当の路次のうち」で、そこには「八畳二間に四方氈敷、三方皆竹筒へ大菊生け」であった。「見物四五十人有うちに雹松原と銘ある筒咲白菊珍らしき菊に見ゆ」とある。その後、亀戸天神で「聖廟拝し」、「直に船ニ乗夕餉」と食事をして、「さし汐にて舟行速なり、岩田屋へ」船を進めた。船内で、「哥仙を初め　八句めにて舟つく、日暮れ舟宿へ上る」と、柳橋《やなぎばし》に着いた。

安永八年三月二十三日は昼過ぎより、

図51　亀井戸

「亀井藤見物に行」く。「長者町（現在の松阪屋の南側）より宗対馬前新橋（現在の美倉橋）より柳原へかゝる」。「両国渡り一目橋脇丸屋金兵衛方へ行船を云付暫休む」。「二艘にて亀戸迄舟行」く。

午後2時頃、「亀戸橋際へ着、遊船十余艘在、直に聖廟拝す」。残念なことに、「藤盛過燕子花未半ならす」と、フジもカキツバタも見頃ではなかった。「去年休し高橋やへ下向に休む」、「また桟橋より舟に乗」、引き潮のため速く進み、乗船した「丸屋」へ午後4時頃帰る。なお、金兵衛の家庭の事情に絡み一時間ほど過ごし、午後5時頃帰路となる。途中、お茶の水で火事知らせの太鼓を聞き、「神明前にて乗出し（火消しの出発）の太鼓打つ」、吉祥寺《きちじょうじ》付近に

「遠火見へ」、8時前に帰宅した。

深川（富岡）八幡

深川八幡宮《ふかがわはちまんぐう》は寛永四（1627）年に創建されたとされている。江戸最大の八幡宮とされ、その祭は寛永二十（1643）年から始められ、八月の深川八幡祭りとして今日まで続いている。

また、勧進相撲《かんじんずもう》でも深川八幡は江戸勧進相撲発祥の地とされ、貞享《じょうきょう》元（1684）年から許され、安永・天明年間には頗《すこぶ》る活況を呈した。相撲の取り組み日数、晴天八日が十日になったのは、安永七年の深川八幡の場所からである。その場所から、谷風梶之助《たにかぜかじのすけ》の連勝が始まり、天明二年二月場所の七日目まで63連勝する。連勝を止めた小野川《おのがわ》などの活躍で、その間の江戸の大相撲は大盛況であった。なお信鴻は、取り組みにあまり関心がなかったようだが、家来たちは観戦に出かけていた。

信鴻が深川八幡を訪れた、安永四年十月二十四日も勧進相撲は開催されていた。午前11時過ぎから出かけ、まず堺町《さかいちょう》の松屋に休み、土竈河岸《へっついかし》から大橋築地《おおはしつきじ》、霊岸橋《れいがんばし》、筥崎永代橋《はこざきえいたいばし》、その先の森田隠居所《もりたいんきょじょ》へ。しばらく休み、「深川八幡へ詣、相撲場を見、土橋通、洲崎弁天へ詣」と

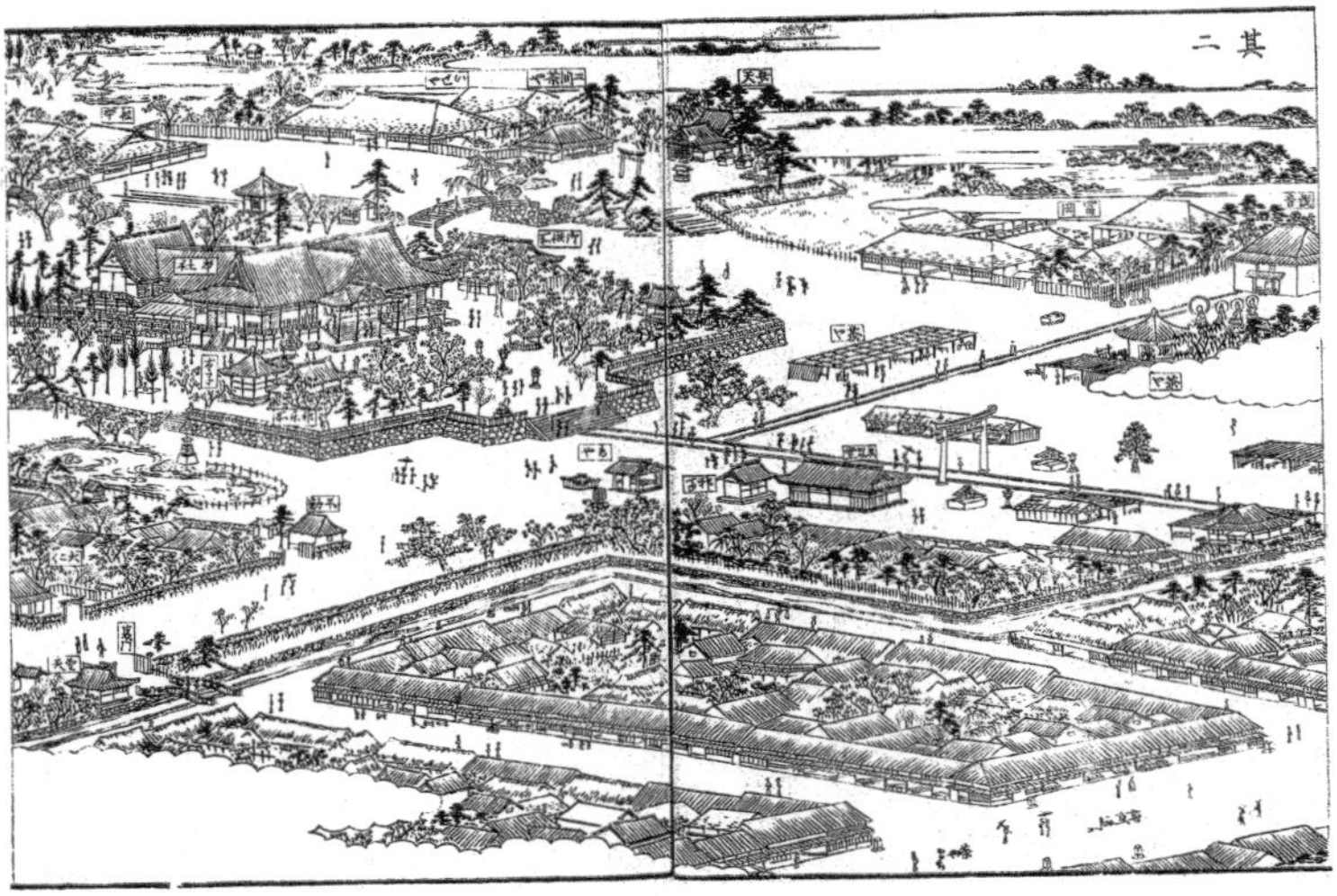

図52　深川八幡宮

あるが、実際に相撲を見たかどうかは不明。その後は「笊そは」という店の二階へあがり、海を見わたし、夕日に映える風景を堪能した。それは、「海上帆夥しく、天大に晴なから四山見へす、日没の頃芙蓉より四山総房晴て如画、雄衡と七絶を賦す」と記している。その後は、永代橋から小網町橋《こあみちょうばし》を経て帰路についた。

なお、天明四年十二月十八日、浅草に出かけた折、「風神門内大に込合、横丁へぬけ裏口よりいせやへ行、谷風来る、甚乱擾」と記している。信鴻は、浅草に谷風が現れたとの事で、一目見ようとする人々の乱れ騒ぐ場面を見ている。

当時、谷風がどのくらいの人気があったかは、勝川春好《かつかわしゅんこう》の錦絵《にしきえ》『江戸三幅対《えどさんぷくつい》』が証明している。『江戸三幅対』は、江戸の三大娯楽と持て囃《はや》された、相撲や歌舞伎、吉原遊廓の当時の人気スターを絵にしたものである。歌舞伎では六代目市川団十郎、吉原遊女では扇屋《おうぎや》花扇《はなおうぎ》、そして相撲では谷風が描かれ、いかに人気があったかがわかる。

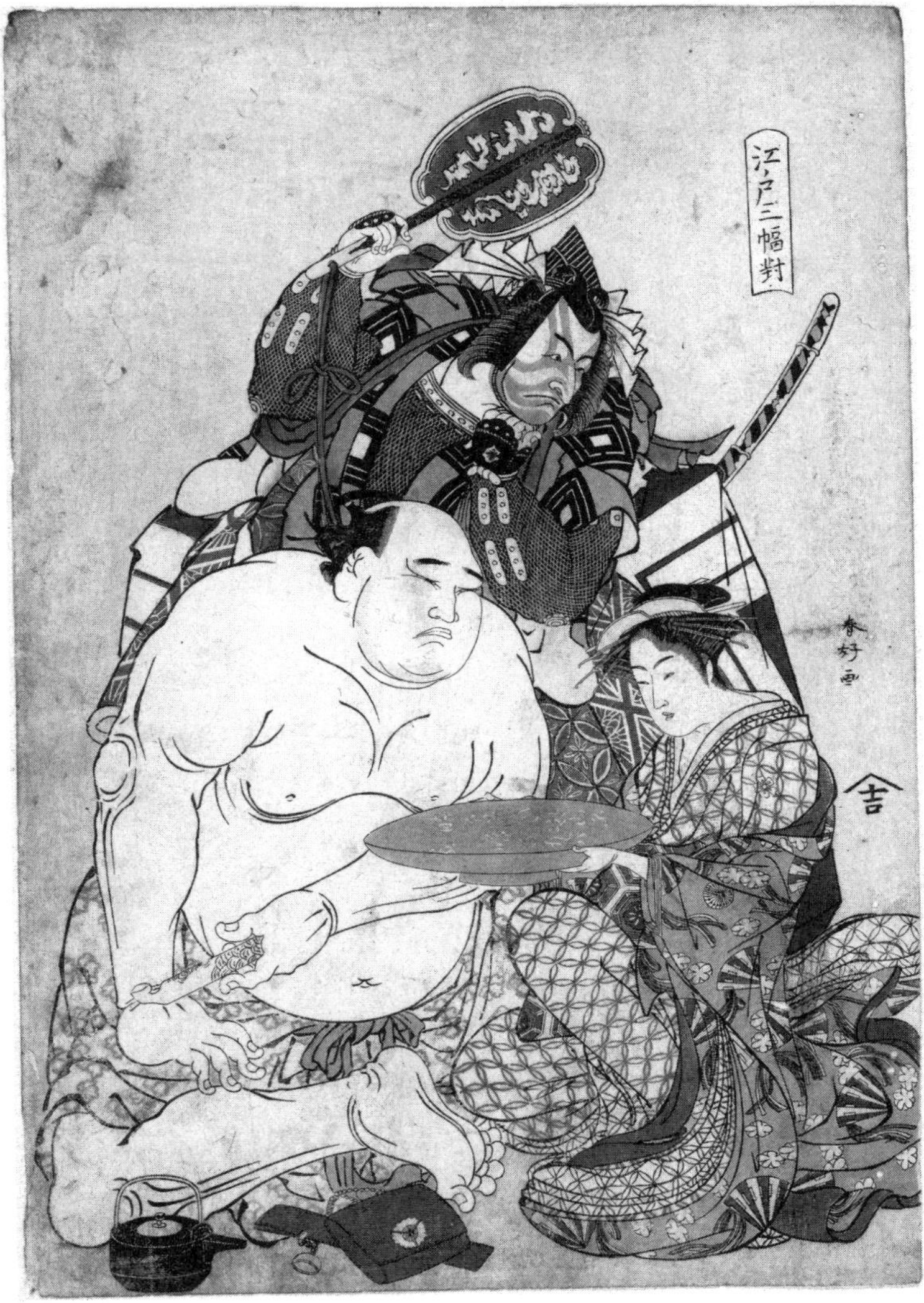

図53　江戸三幅対

第六章

聖と俗の上野

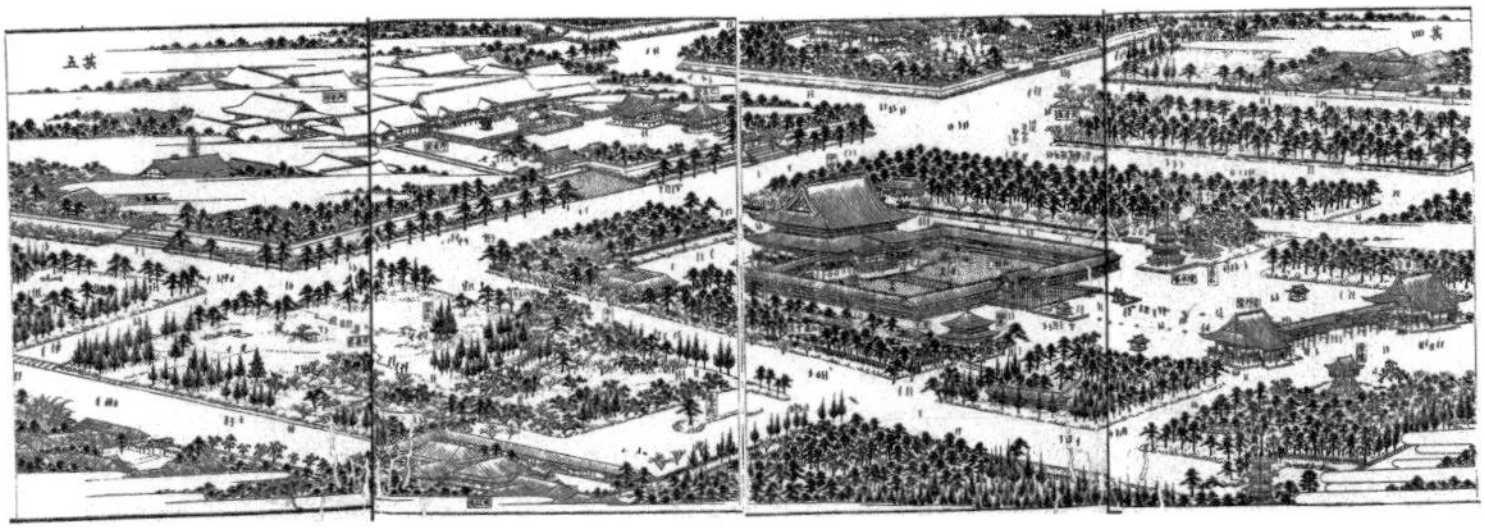

図54　東叡山寛永寺

上野山内

上野は、将軍家の菩提寺《ぼだいじ》（東叡山寛永寺《とうえいざんかんえいじ》）があり、参詣とともに、景勝地としても親しまれていた。上野山内には、谷中門、清水門《しみずもん》、鐘楼脇（弁天の門）、黒門《くろもん》・御成門《おなりもん》、山下門《やましたもん》、車坂門《くるまざかもん》、屛風坂門《びょうぶざかもん》、坂下門《さかしたもん》などの門があった。これらの門は夜間に閉められ、山内の利用が制限され、自由に歩き回れなかった。また、夜間の利用禁止だけでなく、鳴り物禁止などの制約が厳しく、庶民が気軽に羽を伸ばして遊べる場所ではなかった。それは、信鴻にとっても同様で、山内では敬虔な気持ちで参詣していた。

信鴻が上野を訪れるルートは、感応寺《かんのうじ》内を抜け、谷中門から入る場合が多かった。その後の道筋は、「観成院に大師在、直に参詣、瑠璃殿裏を廻り、中堂参詣、輪蔵を見、清水参詣、山王見晴しにて暫く眺望、烟を弄し、山下」へとある。これは、池之端、湯島へと向かうコースで、浅草へは、山内から車坂門や屛風坂門を抜けて、

図55　清水観音堂花見

広徳寺《こうとくじ》（弘徳寺）前へ出ることが多かった。

山内で一番人気があったのは、清水堂（舞台）であろう。周辺のサクラ、不忍池《しのばずのいけ》を見下ろす景観は、『江戸名所図会』や錦絵に紹介されている。信鴻は、「清水参詣、山王見晴しにて暫く眺望」のように、立ち寄りや休憩地としての利用が多かった。

上野山下

庶民の遊び場としては、上野山内周辺の不忍池や弁天、池之端《いけのはた》、阿弥陀《あみだ》、五條天神《ごじょうてんじん》などを結ぶ広小路がある。特に広小路には、茶屋や各種の店、露店などがあり、上野ならではの味わいを醸しだしていた。そのような上野周辺の四季折々の楽しみを信鴻の日記から紹介したい。

図56　不忍池全図

春の利用は、花見が有名であるが、山内での宴会や夜桜見物ができないため、本当に花を観賞するだけであった。日記に記された花は、モモ、スモモに始まり、ヒガンザクラ、ヤマザクラである。その他に、「山下より広小路へ出、池端竹細工の鄽を見、中町辻より入、手打蕎麦へ行、客多し、鄽婆出、今より仕立れハ　余程手間取由云　ゆへ立出」た。そして、三枚橋《さんまいばし》手前の「広小路石焼豆腐新鄽へ行」く。「客十人計在、鄽上乾浄ながら狭し、茶漬・石焼豆腐・生揚豆腐・はりはり汁」を楽しんだ。その後、「広小路にて喧嘩を七八人にて引分る躰、程なく分れ行」とある。

夏のお目当ては、夕涼みとハスの花。信鴻は、入相（夕方）から吉原へ行こうとしたが遅いので、「山下を廻る、天晴尽し南風大にすゝしく月色清し、飄然夏を忘る、広小路虫うり（螢・蛩）東側一面灯を掛賑し、橋南西側二間目茶やに休む、夜色大に涼し、暫休み（五条天神挑灯有　賑

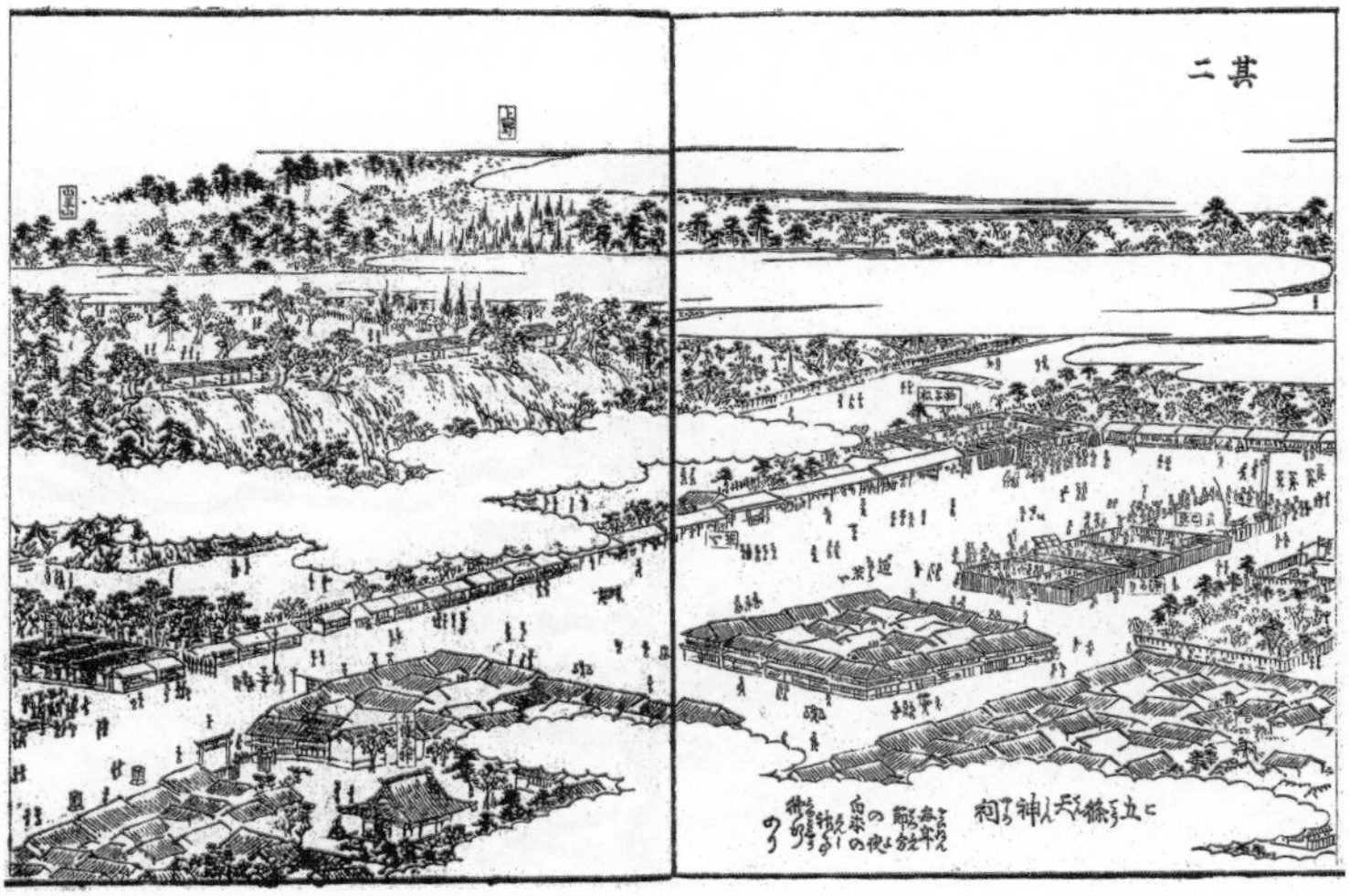

図57　五條天神

図58　上野不忍蓮池

図59　池之端

成故参詣　ちの輪（夏越祓の茅の輪）あり　くゝる」と、広小路の情景を伝えている。

　また、「暮時より涼に出（略）不動阪に万燈やたい有て大に群集す、天王祭也」。「池端へ出五ツ（午後8時）に出、梅本既にみせを仕廻ふ故、戸を叩おこし暫く休む」。「広小路虫売等を見、ふしや脇より山下へ出、一銚子鄽を見」る。そこからまた藤やで「蕎麦・冷麦等を皆こに喫せしむ、風凪南より雲出、月色朧々、四ツ（午後10時）聞へて、かしこを起行」した。

　日の出前から湯島参詣、「女坂より中町池端へ出、弁天参詣、南茶屋に休む、荷花満開、東風甚涼、池端より帰る」と、早朝のハスの開花を見ている。

　秋になると、「池端通り今日蓮切にて人多し、橋向ふ和国やに休む、虫売多く、蕃を買ふ、余

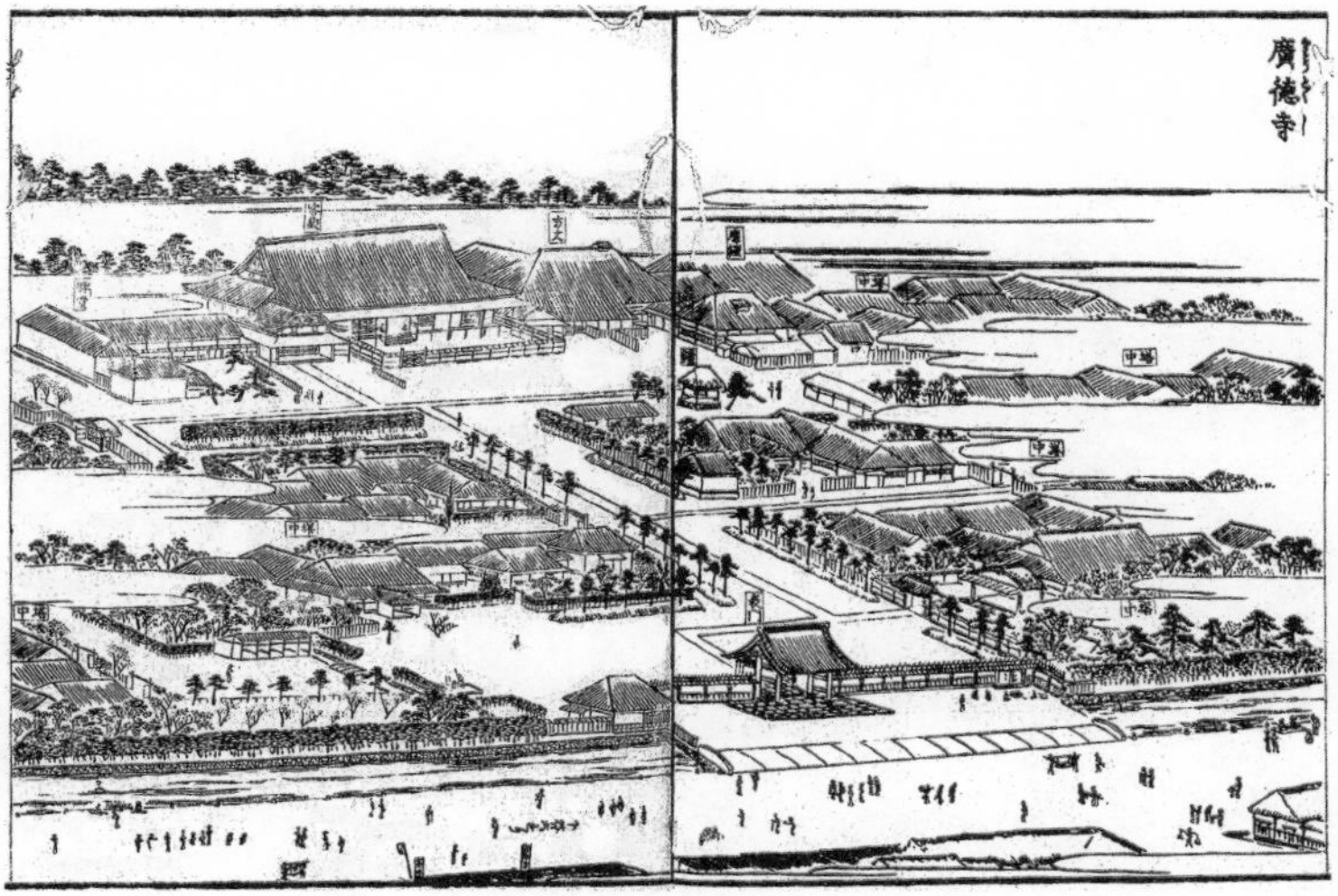

図60　広徳寺

の虫なし、梅本屋にて藤やそは取寄」。蓮は切られ、虫も秋の虫、蛬（キリギリス）となる。

さらに秋が深まると、「藤屋へ伊藤を案内に遣し　広小路植木を見、白菊を穴沢に求させ、槇を渡辺に直（値段）を付させ、二人を残し、藤屋へ行蕎麦喫、彼処を起つ頃　穴沢・渡辺菊を買来る、迹（あと）に残し起行、池端蓬莱屋に庸軒流蘭山門弟挿花会（生花展覧会）札出し」ていた。「賑しき故　直に行て見る、二階、中二階に挿花百種計有、見物込合ふ」と、植木や生花が人々を呼び寄せていた。

冬になると、「広小路植樹を見、松・八ツ手を買ハせ」、「今日咀英（咀嚼英華）蓬莱屋にて挿花会ゆへ行、幕に挿花会其儘庵社中と

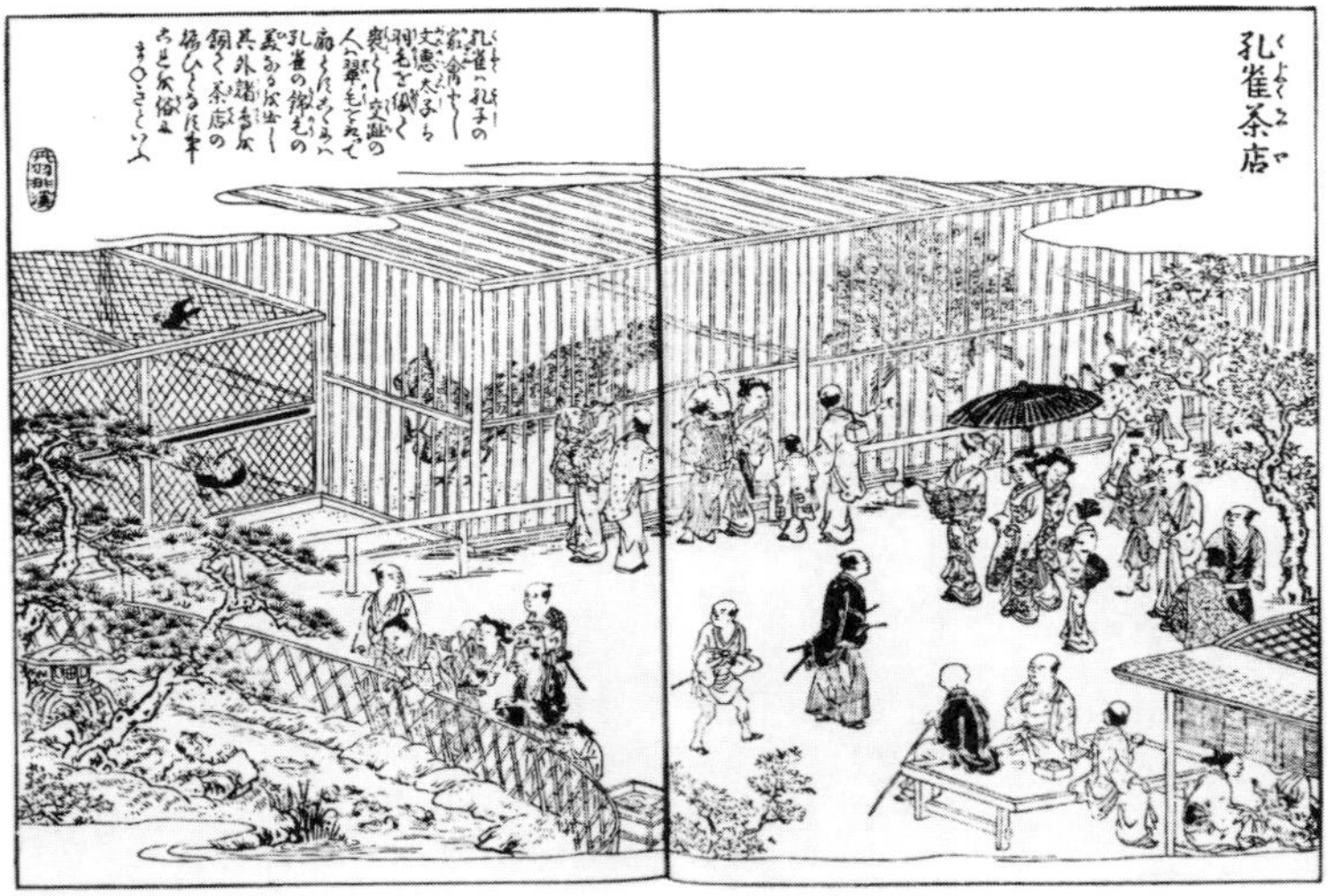

図61　孔雀茶屋

染出し二階へ張る、今花ハ済し由いふゆへ、紋衛門来在やと尋させ、直に入る、中二階段こ花を仕廻様子、上の二階より珠成（息子）来り同道花を見」る。「池の端通りより穴稲荷参詣、観音拝し山内へ入る、太師群集、谷中門より出」た。

以上が上野山内・周辺の状況である。その他の記述として、「広小路夷屋に休む（略）前にて児とも鼡（ねずみ）花火とほす」。「広小路にてあんけら飴唄うたひ売るを聞」く。池端からの帰りがけ、「清水門外にて千垢離（川垢離）の幣を大勢振行にあふ」などがある。

なお、車坂門を出てすぐの広徳寺（弘徳寺）は、浅草への中継地で、開帳もあり、信鴻が度々利用している。広徳寺前に「三河や水茶屋」、また広徳寺の脇に孔雀茶屋《くじゃくぢゃや》があり、

「鄽の後ろに三間に一間半の庭籠　内に樹を植　孔雀在、其外四十雀・豆廻山雀等在、腰掛二ツ下に泉水　金魚を飼ふ」とある。この江戸の孔雀茶屋の記載は、江戸風俗・文学・演劇の考証家、三田村鳶魚《みたむらえんぎょ》も気づかなかったものである。

　また店も数多く並んでおり、「広徳寺前にて子共草履求め」、「広徳寺前にて熊の膏買ふ」、「広徳寺前にて小八巾（凧）買ひ」、「弘徳寺前にて破魔弓買しめ」、「弘徳寺前道具やにて釣花生・烟草盆を見る」などと、旺盛な買物欲を満たしてくれる場所であった。

谷中

　谷中は、近年外国人観光客に人気があり、活気のある場所となっている。信鴻の日記には、通り道であったことから数多く記され、そこそこの賑わいがあったことがわかる。谷中という地名は、江戸時代になって付けられたようで、以前は「屋中」とされていたらしい。谷中の区域が何処までを含むかは、現在でもよくわからない。信鴻は、団子坂《だんござか》を下った藍染川《あいそめがわ》（現在は暗渠《あんきょ》となっている）、法住寺《ほうじゅうじ》橋あたりから谷中門までの区間に近接する場所を指しているようだ。

　安永二年十二月の日記から、「上野の中谷中通りいろは入口茶鄽に休む、隣娼家へ酔漢来、大罵、樽を以　戸を擲壊らんとする」などとあり、あまり上品な場所ではないようだ。

図62　谷中天王寺

翌年の正月には、「谷中通、瘡守へ参詣、感応寺の寺内大師へ参る、人群集婦人も出る」と、賑やかな様子が記されている。この感応寺は、天台宗《てんだいしゅう》天王寺《てんのうじ》、正式名称は「護国山尊重院《ごこくざんそんちょういん》天王寺」である。この寺の人気は、湯島天満宮などとともに江戸の三富《さんとみ》とされ、富籤興行が催されていた。門前には水茶屋が建ち並び、俗に「いろは茶屋」と呼ばれる岡場所となり、遊客で賑わった。その遊客には、場所がら寺僧が多く出入したとされている。

また同年十月の日記には、「谷中通り大円寺の先の横辻にて初音の里をたつね」とある。現代の「初音《はつね》のみち（諏訪《すわ》台《だい》通り）」と重なるかは不明。

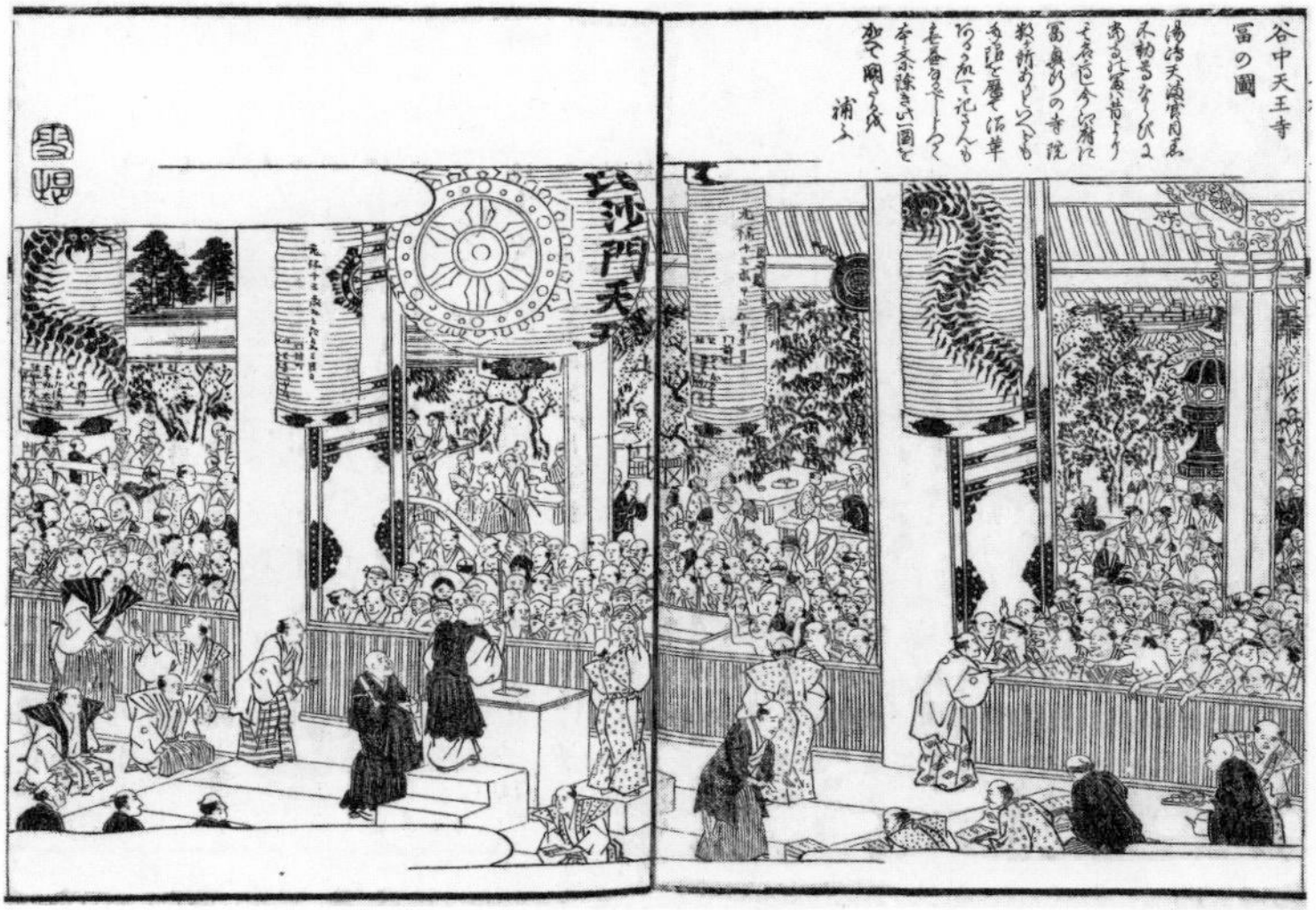

図63　谷中天王寺富籤

谷中では、法住寺《ほうじゅうじ》などの寺院を参詣したり、「法住寺橋にて竹に付たる煎餅買ハせ」「谷中にて花うりの荷の岩檜葉を買ひ」、「油揚かハせ」など、周辺の買い物もしている。さらに、「感応寺内日暮桜屋へ行、菜飯・田楽を云付休み」と、信鴻のお気に入りの店もあった。

根津権現社（根津神社）

根津権現社は、祭神を素盞嗚尊《すさのおのみこと》（古事記では「建速須佐之男命《たけはやすさのおのみこと》」）としている。現在の地には、五代将軍綱吉が甲府藩主・松平綱豊《つなとよ》を養嗣子《ようしし》に迎えた際に、千駄木《せんだぎ》の旧社地より遷座《せんざ》したものである。『江戸名所図会』によれば、「當社境内ハ假山泉水等を

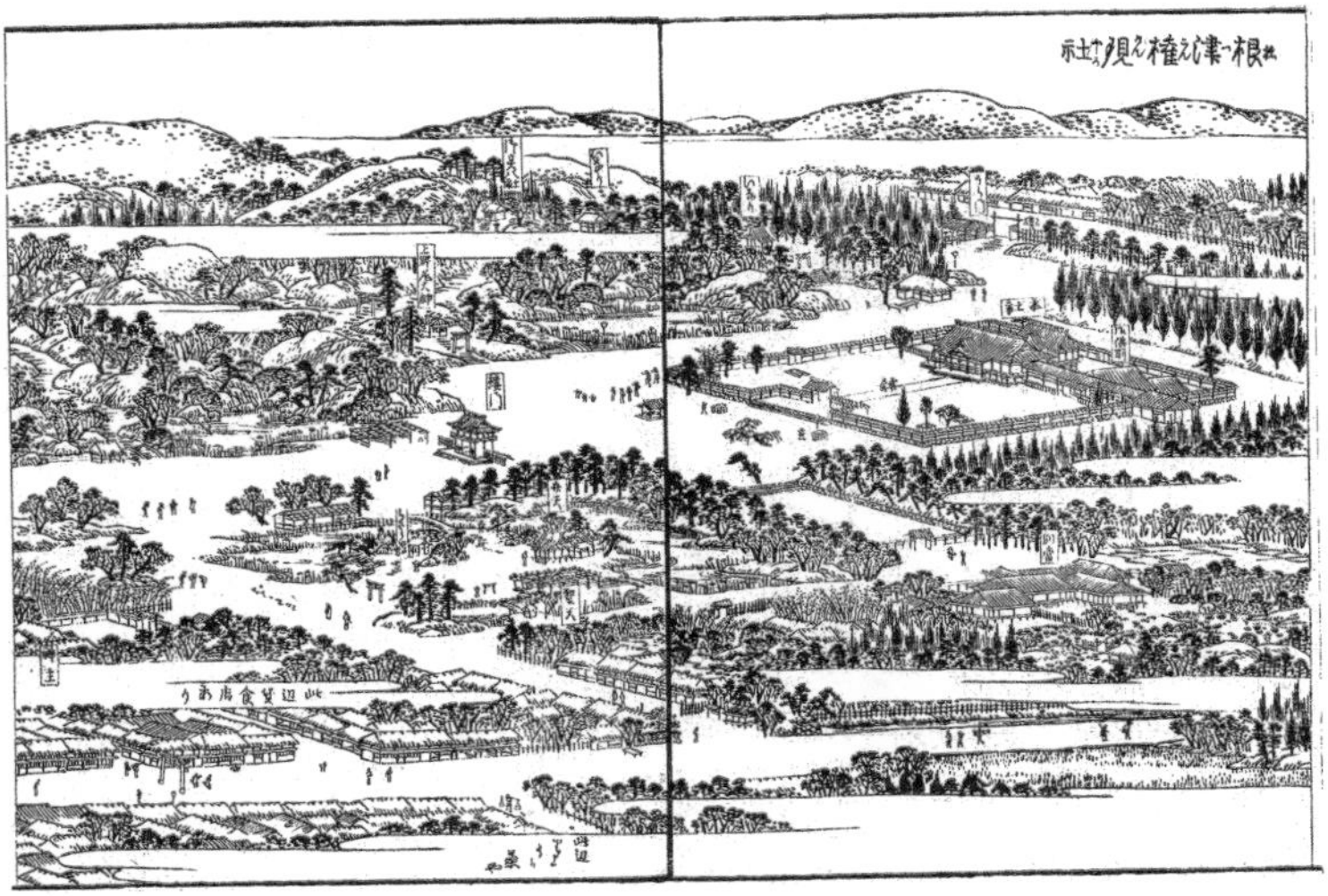

図64　根津権現社

かまへ、草木の花四季を逐ふて絶えず、實に遊観の地なり、ことに門前にハ貨食店簷をならべて詣人を憩ハしめ、酣歌の聲間断なし」とある。

また、根津権現祭は、天下祭の一つである。ただ、天下祭の根津権現祭は一度しか催されなかった。しかし、信鴻の日記には、「根津廻る、参詣賑也、社内に車に屋台しかけ太鼓・すり鉦打、人群集、山を廻り乞食坂花屋を見、千駄樹通り動坂上花屋へ」と、祭があったような記述がある。

根津は、信鴻の物見遊山の通過地点で、途中に寄る程度で長い時間滞在することは少ない。それでも、立ち寄ったときの様子を示すと、「善光寺坂より根津通、根津に新に芝居普請看板を掛、大坂下り女狂言太夫常盤木小雛と書付有、軽業芝居も構ふ、根津賑ながら此程よりハ人少し」とある。また、「根津通社内にて糕細工の赤魚・鰈・いかを求む、商人桃を作り添てうる、参詣甚少し」とある。その他に、帰宅寸前に「根津通、黒犬附で来る、根津女郎屋五軒建」と、遊廓のことが記されている。

根津は、周辺に植木屋が多かったことから時々寄っていた。「根津にかゝり　根つ裏華や石台の藤華を見る、長四尺計左右二間計　花如織」と周辺の植木屋のフジの見事な花を見ている。また、「本根津にて桔梗を買ひ、植木屋を見」と、関心を持って訪れていたことは確かである。

図65　根津権現

第七章

富籤の湯島と天下祭の神田

湯島天満宮

湯島天神は、二十一世紀に入っても合格祈願、商売繁盛、家内安全、梅まつり、菊まつりなど大勢の人が訪れている。江戸時代も信仰・行楽と庶民に人気があり、現代よりも広範囲で湯島天神一帯が栄えていた。

湯島天神のある湯島、その地名の由来は、諸説あるものの確証できる資料がないとされている。実際、柳沢信鴻は、「湯島」と書いたり「油島」と書いたりしている。神社としては、かなり古くからあったとされるが、その当時の名称は伝えられていない。

神社の創建は、社伝によると、雄略《ゆうりゃく》天皇の勅命により天之手力雄命《あめのたぢからおのみこと》を祀るため、雄略天皇二（４５８）年一月に創られたとされている。また、南北朝時代・正平《しょうへい》十（１３５５）年に、住民の請願により菅原道真《すがわらのみちざね》を勧請《かんじょう》して合祀《ごうし》したとされている。これをもって、湯島天満宮の正式な創建とする説もある。この当時も、「天神様」などと呼ばれたかもしれないが、どのような名称だったかはわからない。ちなみに、『武江年表』によれば、享保《きょうほう》八年十月十日、「湯島天満宮造営遷宮〔此時より土蔵に成〕」とある。通称「湯島天神」の正式名称「湯島天満宮」は、平成十二（２０００）年に定められたものである。

図66　湯島天神社

江戸の行楽地となったのは、門前町《もんぜんまち》が成立し、周辺が下級幕臣の居住地となり賑わいを増したからである。『慶長見聞集《けいちょうけんもんしゅう》』によれば、「取分毎月縁日、その前日一夜こもりて、二六時中は貴賤群集をなす」と記されている。元禄《げんろく》三（1690）年、五代将軍徳川綱吉によって上野忍ケ岡《しのぶがおか》から孔子《こうし》を祀《まつ》る孔子廟《びょう》・聖堂が移転され、昌平坂《しょうへいざか》学問所が設けられ、幕府公認の直轄教育機関となった。聖堂の西には幕府の馬場《ばんば》（桜馬場《さくらのばんば》）も設けられた。当時の湯島は、これらの場所を含み、神田明神の辺りまでを指していた。

　中心となる湯島天神は、江戸名所図会「湯島天満宮」に見ることができる。現在の湯島天神周辺を知る人から見ると、かなり拡張され広々とした場所であることがわかる。他にも、湯島

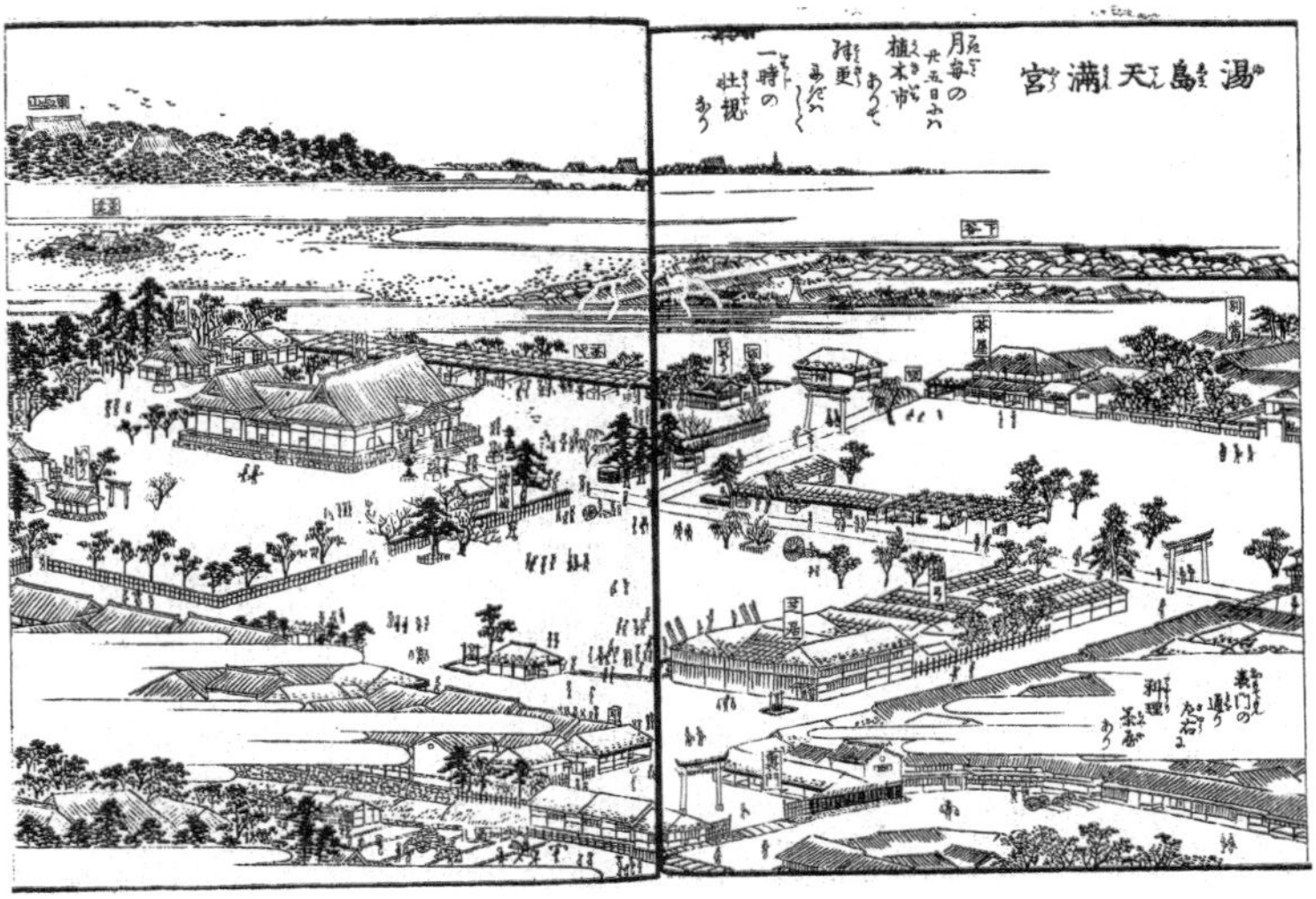

図67　湯島天満宮

の情景は、広重の「湯しま天神社」「湯しま天満宮」「湯しま天神雪のあくる日」などと名所絵に描かれている。

　湯島が行楽地となったのは、信仰に加えて、不忍池・上野から江戸東部の町並みを見下ろす景観、盛り場である上野広小路や不忍池に隣接していたことが大きいだろう。また、享保年間から幕府公認の富籤の興行、植木市など、庶民を引きつける催しがあった。そして、境内にも「江戸名所図会」から見ると、「芝居」「楊弓《ようきゅう》（遊戯用の小弓）」「茶屋」「地蔵」「神楽殿《かぐらでん》」がある。一帯には、茶屋や料亭が軒を連ね、月ごとの二十五日には植木市が催され、「一時の壮観」ありと記されている。

　なお、湯島天神といえば、ウメを思い浮かべるであろうが、江戸時代には名所ではなか

図68　楊弓

ったようだ。ちなみに、現在の「梅まつり」は、期間中に延べ40万人が賑わい、初春の東京年中行事であるが、これは昭和三十三（1958）年から開催されるようになったものである。また、都内で唯一の菊人形が展示される「菊まつり」も、昭和五十四（1979）年より始まった。それでも、古いものとしては、寛文七（1667）年頃に寄進された銅製の鳥居があり、何度か修復を重ね昭和四十五年に東京都指定有形文化財に指定された。こう見ると、湯島は古き遺産をベースにしているものの、時代と共に大きく変化していると言えよう。

そこで、江戸時代の姿を柳沢信鴻の日記から探ってみよう。当時の湯島の見どころは、信仰対象の湯島天神、開帳、富籤、植木市、茶屋（看板娘）・料亭（料理と景観）などである。なお、湯島が花街として隆盛したのは、明治になってからのようだ。また、寛政年間ごろ湯島が、芳町《よしちょう》（日本橋人形町《にんぎょうちょう》）や芝神明《しばしんめい》（芝大《しばだい》門《もん》一丁目）と並ぶ陰間《かげま》で知られていた場所との話もある。その件については、信鴻は、天明四年二月廿四日の日記に「湯島中坂、聖廟拝し、松か根屋二階西坐敷へ行、下を神田のさゐ同道三人にて来を手を叩呼び、見つけ二階へ来る、夫の妹を同道にて上野へ行し由、暫在、其内在る、二階客帰り移る、小坐敷の客陰間を呼婬欲し様子、三絃なとひく、爰にて料理云付る、さゐ帰る、七半過起行」とある。この記述だけでは何とも言えないが、否定できないことは確かである。

　天神の賑わいは、聖廟（菅廟《かんびょう》）を中心としたもので、隣接する地蔵も参る人が一年を通して訪れ、正月や開帳・植木市などに伴って参詣する人が多かった。梅見については、名所としての知名度はなく、信鴻も特にふれていない。明治・大正年間の新聞にも湯島の梅についての記事は見当たらない。これについては、明治四十（１９０７）年「やまと新聞」に連載された『婦系図《おんなけいず》』を元にした劇や映画『湯島の白梅』から関心が広まったものと推測する。

植木市と茶屋娘

湯島が最も人を集めたのは、『江戸名所図会』に記されている「植木市」であろう。毎月二十五日に市が催され、信鴻はその日に四十回ほど訪れている。日記には、「油島参詣人叢分かたし、例の茶やに休み植木を見、松二本・槇一本求め、新井・穴沢・丸毛直（値段）を付る内、坂の角の茶やに休む、暫有て三人来、樹ハ植木や直に染井へ持参の由」や「聖廟参詣、込合ゆへ下にて拝する内、鳩頂へ屎を墜す、伊勢屋に休む、町人一人休み在、迹より町人二人植菊を提来る、植木を見る、参詣群集、万年青草・白実唐橘・番椒を買ハせ（略）女坂に青こ舘門人盆石会の札有、坂下ゆへ行、五人集盆石を造り有、十六七出来、皆粉石にて不二・三保或ハ菊花等を蒔く」などと、大勢の人々が訪れていたことがわかる。

植木市には樹木だけでなく、鉢植、草花に加えて、「聖廟拝しお清鄽に休む（略）植木を見、草花買わせ木村を伊せ屋へ金魚入物貸に遣し、穴沢に金魚買ハせ迹に残し前路を帰る」と、金魚も売られていた。

周辺の茶店や料亭については、「本郷通より行、油嶋にて鉢うへ鄽を見、中町通、上野へ（略）浜田や兼て料理好由にて行、二階なく鄽渾〔混〕雑ゆへ又油嶋へ帰り、京やへ行、米駒に問しむれハ下男客多き故、今日ハ坐席なき由言へハ、又油嶋神祠へかへる、迹より下男追来り、坐敷なけれ共隣の煮売坐敷を借て食を調せん由言ゆへ、米駒にその坐敷を見せしめ直に行、茶飯みせ也、奥八畳、江東の風景眼下に在、やかて京や女餉具持参、吉野弁当也、飯櫃けんと

図69　湯島男坂

ん箱の如し〇汁（略）〇いり物〇（略）菜漬物、暮比起行、此頃油島水茶やかたち娘の評判あれハかへりによる、油島より提燈をとほす、那処の小女不美」とある。湯島には、料亭（京や）と水茶屋の他に茶飯みせ（煮売座敷）があった。茶飯みせには、料亭（京や）から料理が運ばれた部屋があり、そこから眼下に広がる下町の風景を楽しんだのであろう。

食後には、近くの茶屋に美しい娘が居ると聞き、見に行くが評判ほどではなかったようだ。信鴻も伊勢や（伊勢屋）の看板娘の「お清」を見に行ったりしている。ある時は、「女坂より男坂上伊勢屋に休む、少娘在ひいとろ簪一ツ遺る」と簪《かんざし》をプレゼントしている。また、茶店には店を取り仕切る「鄽婆」がいて、顔なじみになり、その所在についても逐次日記に記して

図70　湯島

いる。ある時には、「湯島にて若松や・伊勢や鄽仕廻ゆへ大坂やに休み、問へハ鄽婆昨夜半女児を産し由〔十八年めに初産の由〕、加賀わき財木屋にて財を見、本郷より帰る」とある。日記では「鄽婆」とあるから、かなりの年齢の女性と思っていたが、「女児を産し」とある。「十八年めにて初産の由」とあり、まだ三十代だったのかもしれない。ちなみに、信鴻の側室・お隆は、安永七年時で四十四歳である。

富籤と開帳

湯島といえば、幕府公認の富籤としても有名である。幕府の御免富《ごめんとみ》は、この他谷中の感応寺、目黒の瀧泉寺《りゅうせんじ》を「江戸の三富」と称した。もちろん、これらの富籤以外にも各地で催されて

図71　富籤

いた。富籤は、庶民が中心かと思われたが、意外なことに、元大名の信鴻もやっていた。その様子は、日記に詳細に書かれている。

「湯島崖上より山藤へ穴沢をやり迹より行、料理仕立るうち伊勢やへ行鄽婆在、此程茶や〳〵に男坂下の弁財天勧進福引二千余番のうち卅番迄景物出、一番にづし入弁天其余家具共多し、鄽上に書て張置、鄽婆いふ菅廟拝前に景物飾有由ゆへ珠成・浅野・雄島・溝口と行て見、富札五十帋求め山藤へ帰り支度」

　当たり籤は30件あり、一等は厨子に入った弁天像で、その他の商品は家具が多いということだろう。

　そのような籤を、信鴻は50枚求めた。当たらなかったのであろう、次は以下のように１００枚求めている。

「土物店より湯島へ行、塗中礼考多し、湯島伊勢屋へ浅野先へ行、目録遣す、無程彼処へ行、母子在、富札百枚求め女坂を下る」。また、「油島へ行、伊勢屋に休み当の賈遣す」と茶店に富籤の代金を払ったと思われる記録もある。

では、誰が当てたかということも、「加賀脇へ出、湯島手前の道にて右折　塗甚悪し、吉野弁当の下へ出直に伊せ屋へ行、富　今済し由　鄽婆弁天の勝付を取に行　無程取来、一番ハ近所町の妻取し由、此方の帳面に引合せ　二番つる懸升を八千、十三番土瓶を伊藤取る」とある。一等は、近所の町人妻が獲得している。二等の「量り升（？）」は、側室お隆付きの八千が得ている。その祝いに「八千ニ、升を取し祝ひに山川酒貰ふ、お隆鯛貰ふ」と書いている。また、供の伊藤が土瓶を当てたことも記している。このように富籤は、かなりの広い層で愛好されていたようだ。

次に人気だったのが開帳で、湯島天神でも毎年のように催されている。たとえば、「湯島開帳参詣、上毛世良田威徳山惣持寺本尊十一面観世音（略）不動尊（略）義貞・義治白自書、其外霊宝数多、縁起を求め普門品納め、聖廟拝し　お清鄽に休む（略）地蔵拝し女坂より中町」のように、信鴻は楽しみに出かけている。

ただ、境内が浅草などに比べ狭いため、廻向院の開帳に付帯するような見世物や芝居などが少ない。そのため、開帳に関する日記には、混雑したという記述が少なく、開帳期間中の盛り上がりはすくなかったように感じる。

『江戸名所図会』の「湯島天満宮」には、「芝居」と記された小屋が描かれている。湯島天神での芝居は、享保二十（1735）年、芝神明社地での四つの宮芝居百日興行と共に、湯島天神など7ヶ所余に16の芝居興行が許されている。信鴻の日記に、芝居のあった形跡「湯島芝居去廿五日加賀の鳶者崩せし」や「油島参詣、例の茶屋に休む、芝居崩れを見」はあるものの実態はよく分からない。

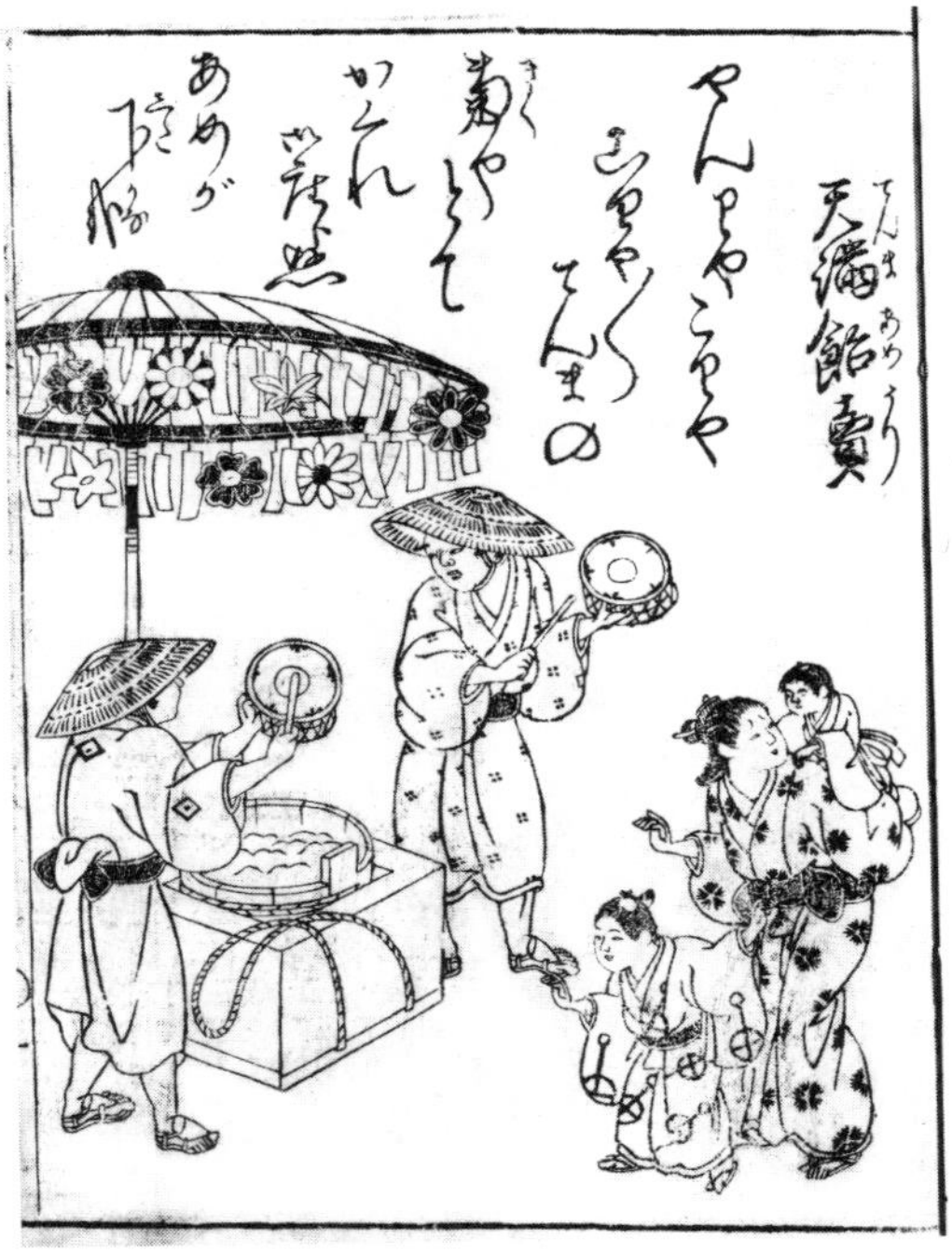

図72　飴売り

また相撲について、「前乞食相撲人立在、明日より開帳の由」と記され、開帳に関連した見世物の可能性がある。

その他の利用として、信鴻の日記に納涼がある。「七過より湯島参詣（略）天気晴尽東風舒こ（略）直に聖廟参詣、伊勢や留守ゆへ男坂見晴し西村屋に涼む風涼し、女坂下にて焼物天神求め」とある。湯島天神は、崖上にあることから、風通しが良いと推測され、暑さを逃れて訪れる人が少なからずあったものと思われる。

信鴻は、湯島天神での出来事にも関心を持ち、たとえば「男坂より湯島地蔵拝しお清鄽に休む、窓より御堂普請直下に見ゆ、御家人らしき者一人休み居たり、御堂にて昨日三百人許にて大喧嘩有、今日化我人の検使あれハ普請休む由云、聖廟拝し霊雲寺地蔵へ詣」と大喧嘩のあったことを記している。

又、「本郷より湯島参詣、お清鄽に休む、臍村飴売来り子共集り来る」と、子供の存在にも触れている。

神田明神

神田明神は、天平《てんぴょう》二（730）年創建とされている。また、平将門《たいらのまさかど》の乱〔承平《じょうへい》五（93

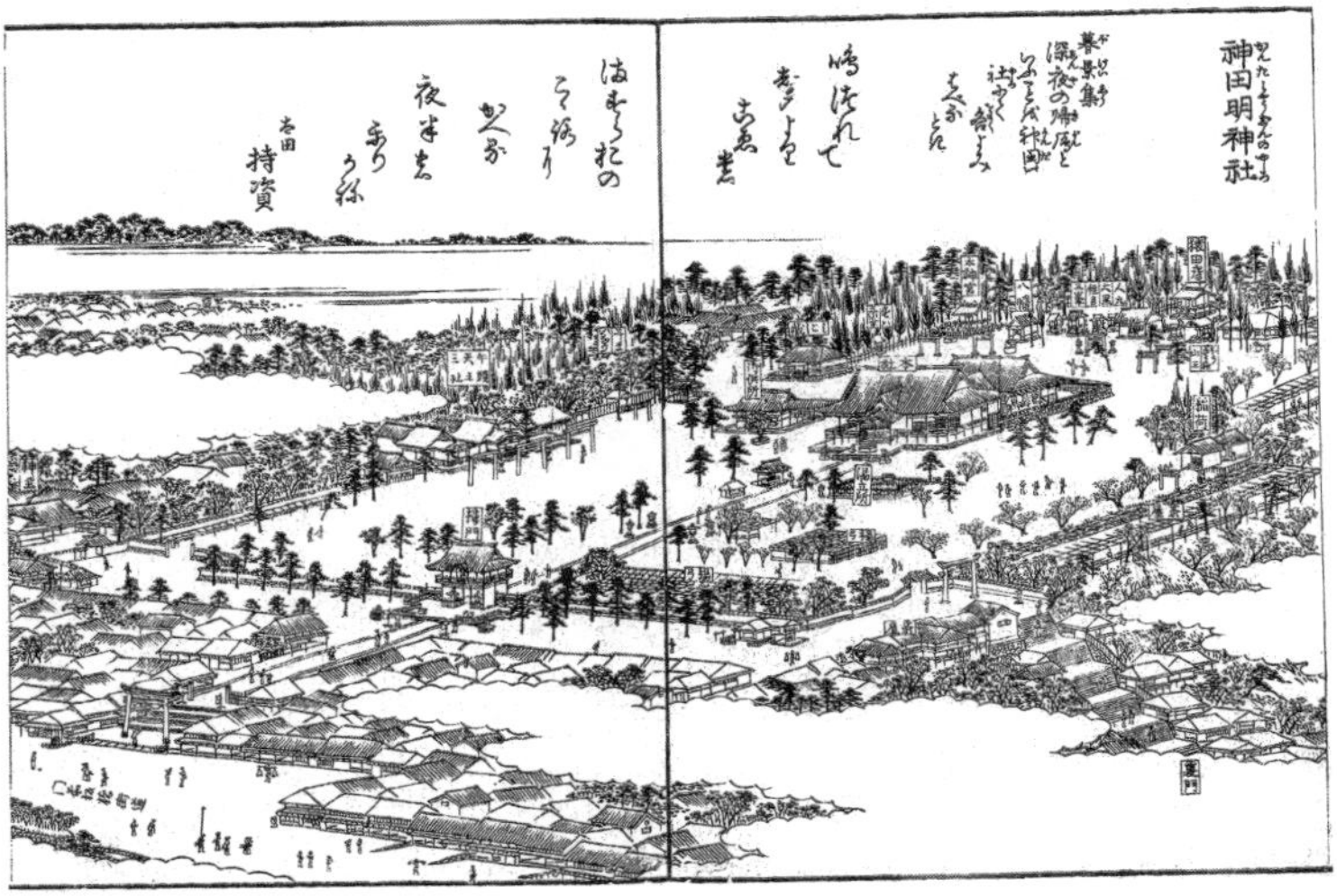

図73　神田明神社

５）年」で敗れた平将門を合祀する神社でもある。江戸時代に入り、江戸城増築に伴って慶長八（１６０３）年に神田台へ移り、さらに元和二（１６１６）年に現在地へ遷座した。神田明神は、江戸城の表《おもて》鬼門《きもん》守護の場所にあたり、幕府により社殿が造営され江戸総鎮《そうちん》守《じゅ》として尊崇《そんすう》された。

正式名は神田神社、日本橋川より北東にある１０８町会の総氏神《そううじがみ》である。例祭は、神田祭と称され「天下祭」の一つである。

信鴻は、物見遊山の際に、度々神田明神を訪れている。六本木《ろっぽんぎ》からの帰り、今川橋《いまがわばし》に差しかかったところで「祭の屋台出し等在、爰より甚群集、祭の繰子若き者子共等装束にて行かふ」と盛り上がる人たちを見ている。

また、「鍛冶町二丁メより北　不残桟敷掛、

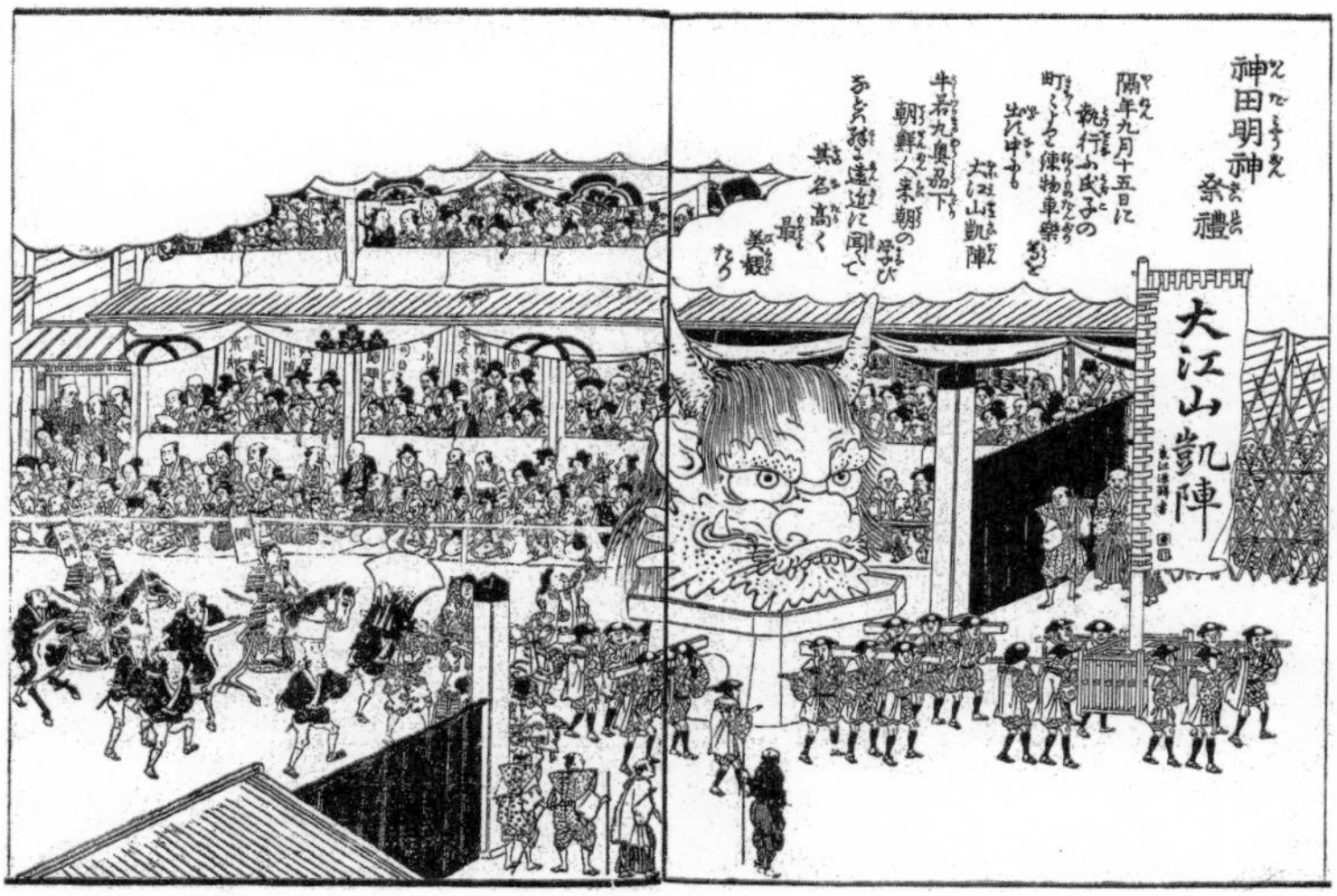

図74　神田明神祭礼

祭の万燈出し　等所こに在」と、祭見物の桟《さ》敷《じき》がびっしりと作られているのを見た。この日は、天明元年九月十三日、祭はそれ以前から始まっていたようだ。七日前の日記に「昨日滝妻子神田祭故大手へ行」と記している。そして、十七日には、「途中神田祭の子ともけいこ等数多通る」を見ている。

二年前の十四日には、六義園内で「神田祭礼、終夜太鼓の音聞ゆ」と、遠くから聞こえる太鼓の音を聞いている。賑やかな音に誘われたのだろう、翌々日の十六日に、昼頃から神田明神へ出かけた。「神田参詣、人叢夥敷、祭に出し児輩数多来る」と、賑わっていたことを記している。ただ、祭のメインイベントである町々が繰り出す山車、豪華な大行列について、信鴻はコメントしていない。大々的な行列を見なかったのかもしれないが気になる。

「天下祭」といえば、神田祭に対し山王祭《さんのうまつり》がある。地理的に離れていることもあって、信鴻は一度も見ていないようだ。なお、山王祭が催される年には、「上邸より山王祭の赤飯来る」とあり、祭が盛大に催されていたものと思われる。

他に、神田明神での現代にも続く行事として、七五三がある。信鴻は、安永八年十一月十五日午後1時頃から出かけると、神社に入る前から混んでいたと記している。「髪置、帯鮮にて大群集熱閙難分、社前右側の茶屋に休む」とその日の事を書いている。これは、七五三の幼児が頭髪を剃ることをやめ、毛を伸ばし始める儀式「髪置《かみお》きの儀《ぎ》」。「袴着《はかまぎ》の儀」は、幼児に初めて袴を着せる儀式である。七五三の儀は、武家や裕福な町人が行うとされている。混雑状況からして、武家の多くはもちろん、庶民の一部も行っていたと思われる。また、日にちも十五日限定ではないようで、「髪置」の祝いについて、二十二日や二十七日の日記にも記されている。

第八章

盛り場の芝居町

堺町・葺屋町（戯場）

地下鉄人形町駅の外へ出ると、人形町通りを挟んでビルが建ち並び、江戸時代に芝居町（堺町や葺屋町《ふきやちょう》など）があった場所とは到底思えない。しかし、この界隈は、幕府公認の江戸三座（市村座・中村座・森田座）はもとより、あやつり座（人形浄瑠璃芝居）や見世物などの並ぶ戯場《ぎじょう》であった。

江戸庶民にとって、このあたりは、ふらふらと出かけるにはもってこいの場所であった。芝居小屋を覗き飲食を楽しみ、たとえ興行されていない時でも、この界隈に立ち寄ると「堺町・ふきや町看板を見る人鰒の如し」と人で溢れていた。

そこで、観劇の実態を信鴻の日記から紹介する。信鴻にとって観劇は、「別録」として纏めているくらい特別な楽しみであった。安永三年十一月十二日、「丑に眠覚、今日、寅に起るゆへ、すぐに起き、七半より」とあるから、まだ暗い午前4時に起きて5時には出発している。季節は現代の暦で十二月十四日だから冬である。まだ夜は明けておらず、「本郷四丁目にて、挑燈消」とある。現在の本郷三丁目交差点あたりまで来たところで、やっと明るくなったらしい。

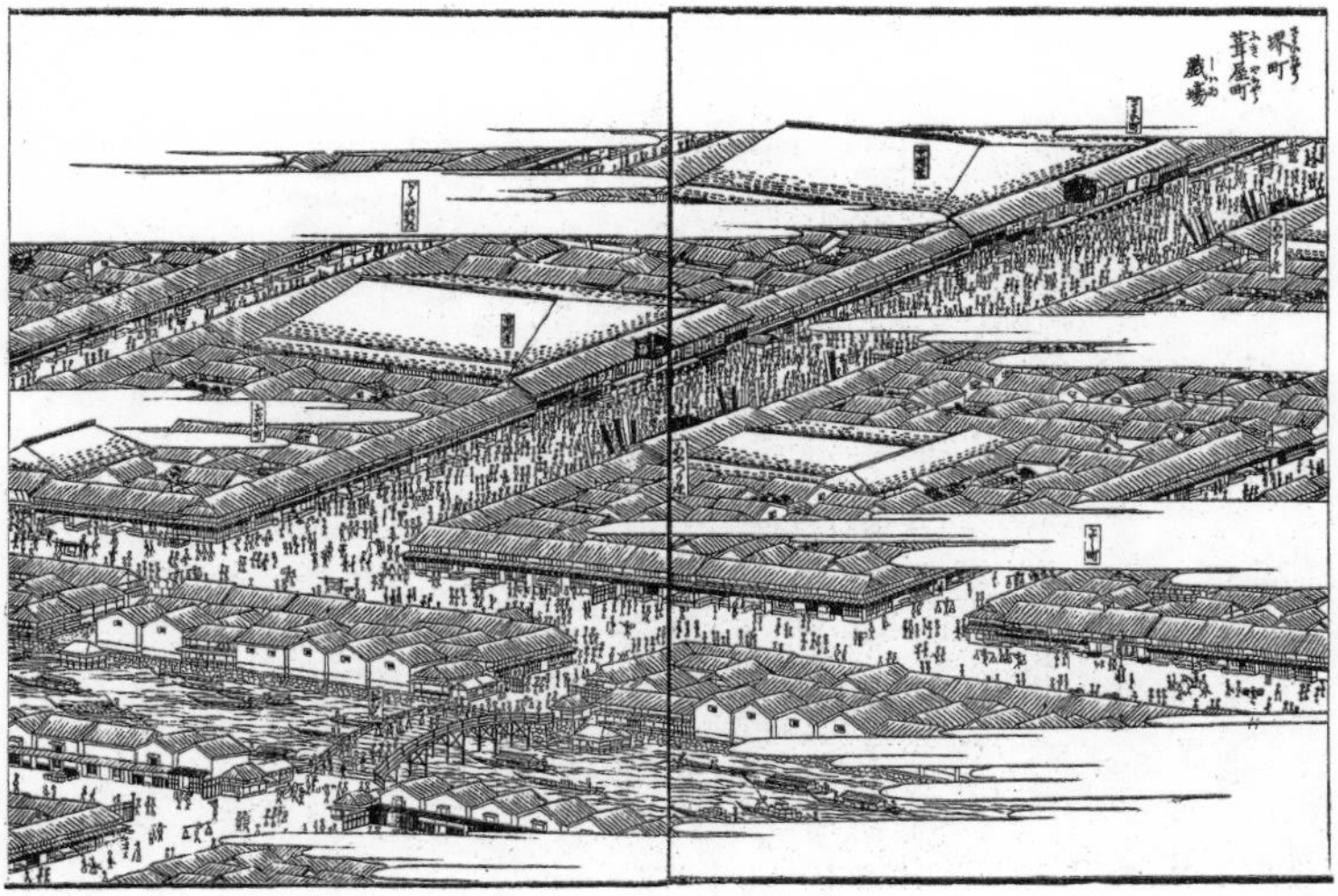

図75　堺町 葺屋町 戯場

行き先は、市村座（日本橋葺屋町・現在の日本橋人形町三丁目辺り）である。当日の演目は、「児桜十三鐘」・浄瑠璃「色勝日吉弊」である。信鴻が客席に着いたのは午前9時頃と思われる。しかし、信鴻達の座席は決まってはおらず、「次第に桟敷極り、三度所を替」とある。それ以後も「第二の初幕（略）桟敷不定、始り遅き故、一幕ぬける」とある。そのようないい加減な舞台進行ということもあって、観客の方も真剣に芝居を見る人ばかりではない。信鴻も、「鹿子餅貫ふ」、また「甘糕折詰つかハす」とある。午後2時過ぎ頃、ミカンを貰ったり、幕間に劇場から出て、食事をしたり、何とも気ままな観劇である。

ここで気になるのは、朝から晩までの食事である。たとえば、安永二年十一月二十六日

図76　芝居　顔見世の図

の芝居茶屋（松や）での食事は次のようである。

〔朝　茶づけ　煮物〔かき卵付　くわへ〕　楮目〔しそ　巻梅〕〕（楮は猪の誤記か）

〔桟敷へ甘糕〕（桟敷にて）

〔夕餉　汁〔青み　のり　豆腐　茶飯　煎物〕

〔やま肉　椎茸〕　芹　焼物〔かれいつけ焼〕〕

〔夜　蕎麦　汁〔つみ入　椎茸〕　煎物〔くわい　はんへん〕　ひたし物〔青み　はり〳〵〕〕

信鴻の観劇には、いつも十人程のお供がいた。彼等も主人と共に楽しんだか、それとも単なる勤めの一つとして割り切っていたかはわからない。彼等は何らかの荷物を持って、早朝から夜遅くまで同行しているのは確かである。

当時の芝居人気は大変なもので、何度も

「無類の大入り」と記している。日記の記述からだけでは、何が面白かったか、どこが良かったかは推測できないが、少なくとも信鴻は満足したのだろう。その芝居の打ち出しは「五つすぎ」、現在の午後8時頃終わった。もちろん、そのまますぐ帰るわけではない。その後、好物の蕎麦を食べて、「五半過」午後9時頃帰路に着く。「帰りお玉が池にて亥の時拍子木聞へ」。午後10時頃現在の神田駅東側、岩本町《いわもとちょう》を通る。そして、帰宅したのは「四半過かえる」と、午後11時を廻っていたものと思われる。

この日は寄り道が少ないが、行きがけに茶屋に寄ったり、打ち出しが早いときは両国から廻向院へ、さらに浅草まで足を延ばすこともあった。それにしても、片道6キロもあるのに、あちこちに立ち寄るエネルギーは計り知れない。

人形町通り

堺町界隈の賑わいは、歌舞伎芝居がクローズアップされるが、庶民には安い上に短時間で芝居を堪能できる人形芝居が盛況だった。堺町周辺には、芝居などに関連するお店や人たちが大勢住んでいた。物見遊山には、出かけた先で起こる出来事に足を止める楽しみがある。そしてそのような興味は、庶民の日常生活に目を向けることで一層深まる。

図77　十軒店雛市

信鴻は天明四年十月に堺町・葺屋町を訪れ、「桐坐櫓上り単木戸出来普請最中」に出会い、「高麗屋路次より入永楽屋脇口に上」った。さらに「楽屋新道より和泉町玄冶店へ入り下の路次へ出」た。その先で、「稽古最中子共三十人計在、母も有」と、どのような身分の子供かはわからぬが、母親が子供の稽古風景を見守る姿を見ている。近在の子供たちであろう、当時も教育熱心な母親がいたようだ。

また、堺町に接する人形町通り（現在の人形町二丁目周辺）には、人形制作・修理、人形師、商う店などが一帯を成していた。その中で注目するのは十軒店《じっけんだな》で、人形を取り扱う店が10軒ほどあった。この周辺には、雛人形を求めて信鴻も毎年のように訪れていた。

安永十年三月朔日、中町の「槌屋雛鄽江行、

甚見物多し、古今雛直を付暫在れ共兎角応対売らさる故広小路へ出、癀気も過半快き故十軒店へ行」と混雑の中雛店を物色している。

また「市村昨日大鼓櫓上けし由、四月朔日初日乃積りなと云ふ、爰より塗熱閙分かたし、通り左右鄽のうしろより人にもまれゆく、唐木屋雛市へ上る、二階にて古今雛一双見する、不称□、甚込合故下り千林堂雛見せへ行、是ハ旧年も雛求めし鄽なり、惣髪細工人在、知己也、古今雛大小五六十対、二階に大雛其外大人形数十在、六寸古今雛を買ひ」とある。その後は「諸所の鄽を見廻り」、「今川橋東詰新鄽淡雪へより」、「入相頃帰る」とエネルギッシュに行動している。求めた雛人形は側室の「お隆へ遣ハす」とある。なお、「古今雛《こきんびな》」は古代雛に当世ふうの意匠を加え、目に玉眼《ぎょくがん》を用いた人形である。

雛人形を飾るのは、「五節句」の「上巳《じょうし》」だが、信鴻の日記から関連しそうな記述を示す。雛市は二月二十五日頃には催され、購入に出かけている。飾りつけは二十七日頃から行われ、三月一日までに完了しているようだ。なお、人形の購入は三月三日になっても行われている。その間に、雛人形や菓子・白酒等の遣り取り、雛人形を見せたり見に出かけたりしている。人形を仕舞うのは五日以後、七日・八日であった。

饗宴は隠居前に「部屋にて年寄用人雛酒饗応」があるものの、六義園では行っている様子がない。ただ、安永九年三月三日に館の長屋へ供十名程を連れ、「煮染・白酒・吸物等を出し夜

図78　十軒店

餉喫」とある。「桃の節句」として様々な催しがあるように思うが、信鴻の日記からは読み取れない。また、男の子に雛人形を与えたり、いわゆる雛人形ではなく禿人形を遣わしたり、紙の雛人形を流すような行事もなく、今日伝えられる雛祭りとはかなり異なるようだ。

端午の飾り

雛人形に比べて、五月人形の記述は少ない。安永三年十月二十八日、堺町辺りを歩いていた時「松屋並五軒五節句かさり物出す、長谷川町より持来る端午飾物、槲葉・燕子の丸四尺四方程中にあかり兜みせ」と、十月なのに端午の飾物を販売する様子を見つけている。しかし、以後、端午の飾物販売に関する記述はない。と言って、信鴻の関心がなかったわけではない。

同年に「初幟につき又九郎へ飾太刀遣ハす」、翌年「下山孫初幟故幟・太刀、村井初織ゆへ海肉、勝吉初幟ゆへ鎗つかハす（略）尚石初幟、穴沢使者、幟・兜・海肉つかハす」などとある。端午の節句は、武家の習わしとして無視するものではない。

五月人形については、「湯島横藤家のうちへ幟建人形飾り在を入て見る」（安永七年五月二日）、「お隆よりも銕五郎へ幟人形贈る」（天明元年五月一日）があるだけである。雛人形のように、毎年飾る習慣はまだなかったようである。

ただ、「幟」については毎年のように記され、天明三年五月五日には「七過よりお隆と園中より長屋幟見に行」「福原方にて幟を見」と二回も見ている。この幟、どのような形態をしているか良くわからない。どうやら、誰もがイメージする現代の「鯉のぼり」ではないようだ。十八世紀後半には、まだ鯉の幟は掲げられていなかったのだろうか。

凧揚げ

安永九年十月十六日、堺町に行く途中の「昌平橋外にて小鳳巾三繋を揚る」のを見つけ、買うように命じている。信鴻は、凧揚げが好きであったので、物見遊山の途中、正月以外でも見つけている。また、安永十年二月廿六日の浅草と廻向院参詣の折は、「鳳巾様こうる鄽に人立ある」のに気づき、「蝶小鳳巾買ハせ」、帰宅途中でも「追分にて四谷鳶鳳巾買ひ」と、一日に二軒も立ち寄っている。

信鴻は隠居する前から凧揚げを行っており、安永二年三月七日から四月七日まで九回も行っている。特に閏《うるう》三月は凧揚げを六回も行っている。この凧揚げ、単に凧をあげるだけでなく、競って相手の糸を切り合い獲得するようだ。「前町の風巾を長屋の児等取んとて小風巾をあけ懸而二つ取られし故風巾緒を遣す」「総四箇を取り、万字ハ破れ、余二つ家中児輩へ遣し」など、微笑ましくも感じる。凧を揚げる季節といえば、正月を思い浮かべるだろう。しかし、信鴻の凧揚げは、現在の暦でいうと五月に集中している。当時は、必ずしも正月に限らなかったようだ。

また、凧揚げは子供の遊びと思いがちであるが、大人も熱中していた。天明四年閏一月九日

図79　霞かせき・凧

図80　凧揚げ

に尾久へ摘草《つみくさ》に出かけた折、「蠣売山にかゝり畝中姫菜を摘、田の中に切れ鳳巾糸共に杭に掛りよく揚り在を米魚畝中を五六丁行て取来る」。そして米社（息子）等はその鳳巾を揚げている。なお、その凧は、「鳳巾を甚三郎（お隆の甥）江遣ハす」とある。

大人の凧揚げは、大田南畝の黄表紙評判記『菊寿草』（天明元年）に、「草双紙と凧は大人の物になったるもおかし」と書かれている。双紙は絵入り娯楽本であり、今日でいうマンガであることを考えれば、昔から子供の遊びを大人も楽しんでいたようだ。

なお、信鴻は凧を「鳳巾」「風巾」と記している。「凧」という字は、中国では使われていない。日本で作られた国字である。鎌倉時代までは「紙鳶《たこ》」と書かれ、使われるようになったのは江戸時代になってからとされている。実際、触れ等の正式な文章には「紙鳶」が使用されることが多かった。

江戸芝居と西欧の演劇

堺町と葺屋町（中央区日本橋人形町辺）あたりには、様々な芝居小屋が建ち並び、戯場として賑わっていた。その中でも市村座・中村座・森田座は、幕府公認の三座として人気を集め、芝居町の中核となっていた。信鴻の別録によると12年間に119日、ほぼ月一回の割合で出かけて観劇を楽しんでいた。なお、江戸には他にも芝居小屋がたくさんあって、寺社地境内や盛り場での興業を許された小芝居（宮地芝居《みやちしばい》）があった。ただ、この小芝居には、信鴻はあまり関心がなかったようだ。

こうした戯場の一帯について、江戸ならではの盛り場となった背景に注目したい。芝居興行は、幕府の制約はあるものの割合自由に行うことができた。特に幕府公認の三座は、興行が保証され、独占的な優位性を得ていた。西欧とは異なり、経営は民営で、完全な独立採算制。西欧に比べると規制は緩やかだったようだ。たとえば、華美な衣装や公演時間などの制限はあったが、そうした規制は芝居に限ったものではなく、庶民の生活一般に及ぶものであった。

市村座・中村座・森田座は、幕府「公認」ということを拡大解釈した。芝居の公演時間は、幕開けが明け六つ（現在の午前6時頃）、打ち出しが暮六つ（現在の午後6時頃）などとされている。しかし、信鴻の日記によると、その日の都合や演目でかなり前後している。公演日数に至っては、事実上日数の制約はなく、大入りであれば延長、逆に不人気だと打ち切りもあった。出し物も観客の好みに寄り添い、かなり自由であった。

江戸の芝居がいかに自由なものであったか、公の規制、経営、演目などを、十八世紀後半の西欧の演劇と比較したい。たとえば神聖ローマ帝国では、一七四一年、女帝マリア・テレジアは、財政逼迫のため宮廷劇場の直営を停止し、民間に宮廷劇場の管理・運営の特許を与えている。民間とはいえ、運営者は劇場の維持管理と宮廷儀式催行時の上演を行う義務を負い、平時には入場料で上演し、その収益を得ることが許された程度であった。それでも、宮廷劇場が統制から自由への一歩となったのは事実だが、高額な入場料や上演ジャンルの偏りのせいで、入場者は高位貴族中心であった。上演内容も娯楽性より道徳性を重視され、民間による運営は経営面・芸術面で難航し、ついには破産し混迷した。

演劇への介入としては、ウィーンの民衆劇の特徴である即興劇や市壁内の路上公演、家庭内の個人的なアマチュア演技一切が、治安・風紀の観点から禁止された。市内の民衆劇の上演は、市立ケルントナートーア劇場のみに限られ、宮廷の意向に沿わない演団・俳優の追放や、検閲の強化がされた。一七六一年には、同劇場が貴族も入場する宮廷劇場とされ、民衆劇も宮廷劇場と同じ常設劇場で行うことになる。その結果、さらに民衆劇が宮廷の厳しい管理下に置かれることになる。そして、宮廷劇場は市場指向で運営されはじめるが、民衆劇も同水準で管理されるようになった。こうして制度的には自由な需給関係へ進行したが、幅広い階層には受け入れられず、需給の不一致が生じてしまう。

図81　ケルントナートーア劇場

一七七六年、ヨーゼフ二世は、劇場経営の建てなおしとドイツ文化の育成という二つの目的で「劇場改革」を行った。劇場は宮廷が直接管理し、劇場賃借人に与えられていた興行独占権は廃止。宮廷劇場であるブルク劇場を、制度的・経営的には宮廷劇場のまま、「国民劇場」と改称・再編し、ウィーン市内の劇場活動を自由化に向かわせた。一七八〇年、マリア・テレジアの死後、ヨーゼフ二世は自由主義的・啓蒙主義的な改革を演劇でも進める。その結果、劇場は一七八二年より金曜日の休みが全廃され、週七日すべてで公演が行われるようになった。

改革は進んだとされたものの、その実態は、「１７８４年にヨーゼフは高位貴族の苦情を受け、民衆劇の聴衆にとりわけ典型的に見られたような、激しい拍手、呼び声、口笛、椅子・壁・床を手足やステッキで叩き踏み鳴らすといった鑑賞行為を国民劇場内で禁じた」のであった。(「18世紀後半ウィーンにおける『劇場市場』の形成」大塩《おおしお》量平《りょうへい》より)

第九章

秋は護国寺から雑司ヶ谷へ

護国寺

護国寺と雑司ヶ谷は、約1キロ離れているが、信鴻の行動から見ると周辺を一体として訪れていたようだ。護国寺は、五代将軍徳川綱吉の生母・桂昌院《けいしょういん》の願いで、天和《てんな》元（1681）年に創建された祈願寺である。本尊は如意輪観音《にょいりんかんのん》（救世菩薩《くせぼさつ》）である。鬼子母神は、仏教の守護神、子宝や安産や育児の神とされている。天正《てんしょう》六（1578）年、当地「稲荷の森」に村人たちが堂宇《どうう》を建て信仰したとされている。お堂は、本殿が寛文四（1664）年、加賀《かが》藩主前田利常《としつね》公の息女（自昌院殿英心日妙大姉《じしょういんでんえいしんにちみょうだいし》）の寄進により建立された。

これらの場所は、江戸の下町から二里以上離れていて、浅草のように庶民が容易に訪れるには遠い。参詣者について信鴻の日記では、庶民（町人）より武家についての記述が多くある。鬼子母神は、安産等に御利益があるためであろうか、日記に女性の参詣が数多く確認されている。護国寺辺に信鴻が訪れた回数は60回程ある中で、記された女性はいずれも町人ではなく武家である。

護国寺・雑司ヶ谷の人気は、出開帳に示され、浅草寺や廻向院に次いで出開帳の宿寺となっていた。開帳以外で来訪を誘ったのは、二月の護国寺涅槃会《ねはんえ》と十月の鬼子母神お会式《えしき》である。

図82　護国寺

信鴻が護国寺へ出かけ、開帳を見た記録を見ると、まず、安永三年八月十九日、護国寺如意輪観音の開帳で、「途中人行多し、護国寺門前に豆蔵有、爰より大群集、右側門内護国寺玄関より入る、霊宝夥し、数間を過、庭の出茶屋に休む、本堂に毛氈を地とし四文銭を以　観世音三字を押、へりひらうと甚見事也」。「本堂より下り右側葭囲軽業三絃太鼓囃し、十二三の童二人高き台の上に品との軽業をなす、夫より堂右前曲馬を見る、馬上居あひ一番十一二の童甚愛すへきか様〳〵の曲馬をのるを見る、一番三馬縦横刀術の曲馬をみる一《右》番」。そして「茶屋に休み七半過起行猫又橋よりかへる、塗泥甚し」と、夕方に帰宅した。

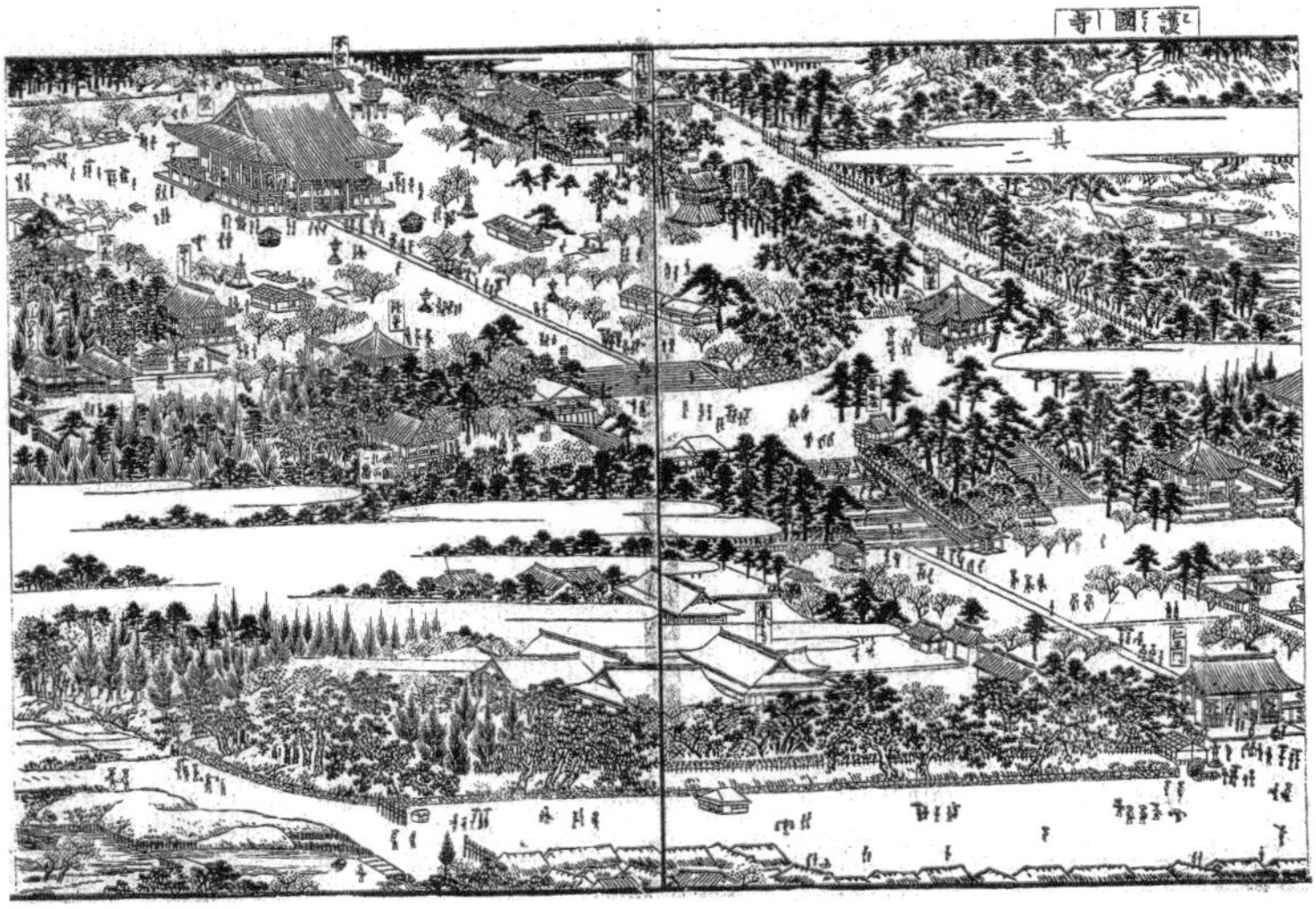

図83　護国寺周辺

次は、翌年の九月十九日、午後2時過ぎ「例の道より手前径道ちか道とて前道、すし町裏より護国寺開帳へ行」。開帳は「賑なから大群集にハ非す、堂左より山を開き仮屋にて秩父三十四番廻る、次第に右へ廻り堂後に畢（終わる）、夫より堂右前水茶やに少休み、裏門より雑司谷へ行、直に参詣」する。「日既落、茗荷屋に諸侯の奥方参詣、二階に翠廉（すだれ）掛、供多し、堂右角の茶やも同前、供駕等多し」と。茶屋を占拠しているのは、「茗荷屋ハ九鬼侯、西台向ふハ丹羽西台」とのこと。そのため、「伊せやに休み、蕎麦を喫す」ことになった。

七年四月七日は、「他行」へと出かけた先で立ち寄ったもので、高田《たかだの》馬場《ばば》付近から「鳥居脇より護国寺開帳甲州大聖寺祓除不動明王、

図84　高田馬場

大幟建薬師堂に在、懸地数種堂裡に懸、加賀見遠光新羅義光公法性君木像在、今閉帳の様子なれハ望みて拝し、波切坂（富士見坂・不動坂）下一の森水茶屋にて綿入を着、猫股橋より原町、西門より帰盧」とある。

天明二年三月四日、「九過よりお隆同道雑司ケ谷へ願解に行」った折、「護国寺三十三所地ならしの子共看板にて多く群在、寺内桜花真盛如雪、参詣多し、薩埵開帳にて内陣へ入拝し、愛染も拝す」とある。

天明四年三月二十四日、「八過よりお隆同道護国寺弘法太師年忌開帳へ」出かけた。「猫また橋阪上の姥か床机に休む、鄽後の藪垣より婦人五六人覗く、護国寺甚賑し、今日より護持院を見するゆへ腋門より入、祖君（吉保か）御奉納の石燈籠二基有、庭甚閑静大樹森こ泉池有、阪道を上る、阪上山道登らす引返し護国寺本堂へ参詣、内陣にて拝す、普門品絵の屏風三双はかりたて有、弘法開帳ハ阪の半の観音堂也、参詣多し、堂後を廻りて霊宝観音等有、甚込合ふ、観音所こ廻り（略）堂右の茶屋の床机に休み、団なとかハせ甚三郎・

図85　猫股橋

其にのそき見せ、七半過起行」とある。

以上が護国寺での開帳である。廻向院や浅草寺と比べると、人出も賑わいも少なく感じる。護国寺で次に注目する催しは涅槃会で、安永七年二月十五日「御単笥町より護国寺へ」出かけた。護国寺は「参詣余程在、右辺の堂に涅槃像在、直に拝し本堂へ詣、裏門を出る時八の鐘聞ゆ、爰より伊藤を茗荷屋へ案内に遣し、直に鬼子母神参詣、内陣ニ而拝し、茗荷屋にて支度、客甚多し」とある。茶屋に客はあるものの、やはり大混雑するほどの人出はなかったようだ。

鬼子母神

それに対し、鬼子母神には、お会式の時期になると毎年のように訪れた信鴻の日記から、盛大であったことがわかる。なお、お会式は、日蓮聖人《にちれんしょうにん》の御遺徳《ごいとく》を讃えて営まれる法要で、命日である十月十三日頃を中心に催されている。信鴻は、日蓮宗の信徒ではないが、関心を持っていたことは確かである。

安永三年十月十日、「庄八菊へ行、和泉（藤堂）境より四郎左衛門菊を見」と、菊を見ながら出かけた。「観光寺前護国寺わきへ出、護国寺内後の茶やに休み、雑司谷へ行、塗中賑也、寺こ飾物多し、人群集、本堂より千年堂次第に廻る内こ投生会を見る、今いける者も有、立花

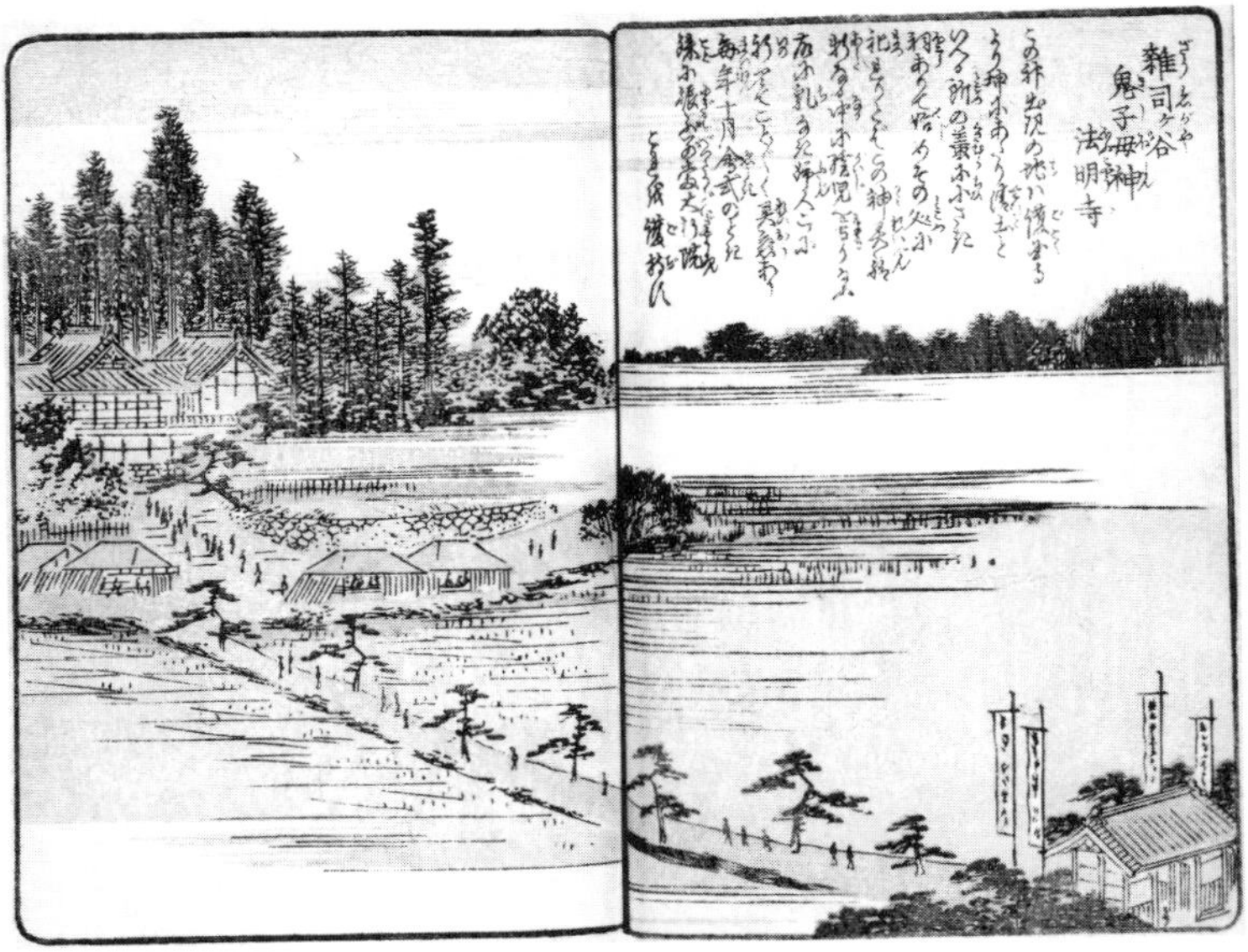

図86　雑司ヶ谷

（生花）会も有、鳥居前左側角の茶や北の角二階に休む」。信鴻は、お会式の飾り物より、生花の方に関心があったようだ。

翌年十月十二日は「宇平次菊を見、祖師を祭飾物有、今日雑司谷護国寺参詣、塗中賑し」とある。なお、その後、浅草方面へ足を延ばしている。

安永五年十月十二日は、昼からお会式の雑司ヶ谷へ向かった。まず、四郎左衛《しろうざえ》門《もん》の菊を見て、「大塚町より護国寺外を行、爰より人行多し、藪そは辺より群集、鳥居内人叢分かたし、鷺明神拝し鬼子母内陣へ通り夫より寺中錺物を見る」。中でも綿で作った白象の飾り物が良かったと評価している。茶屋「茗荷屋」は客が

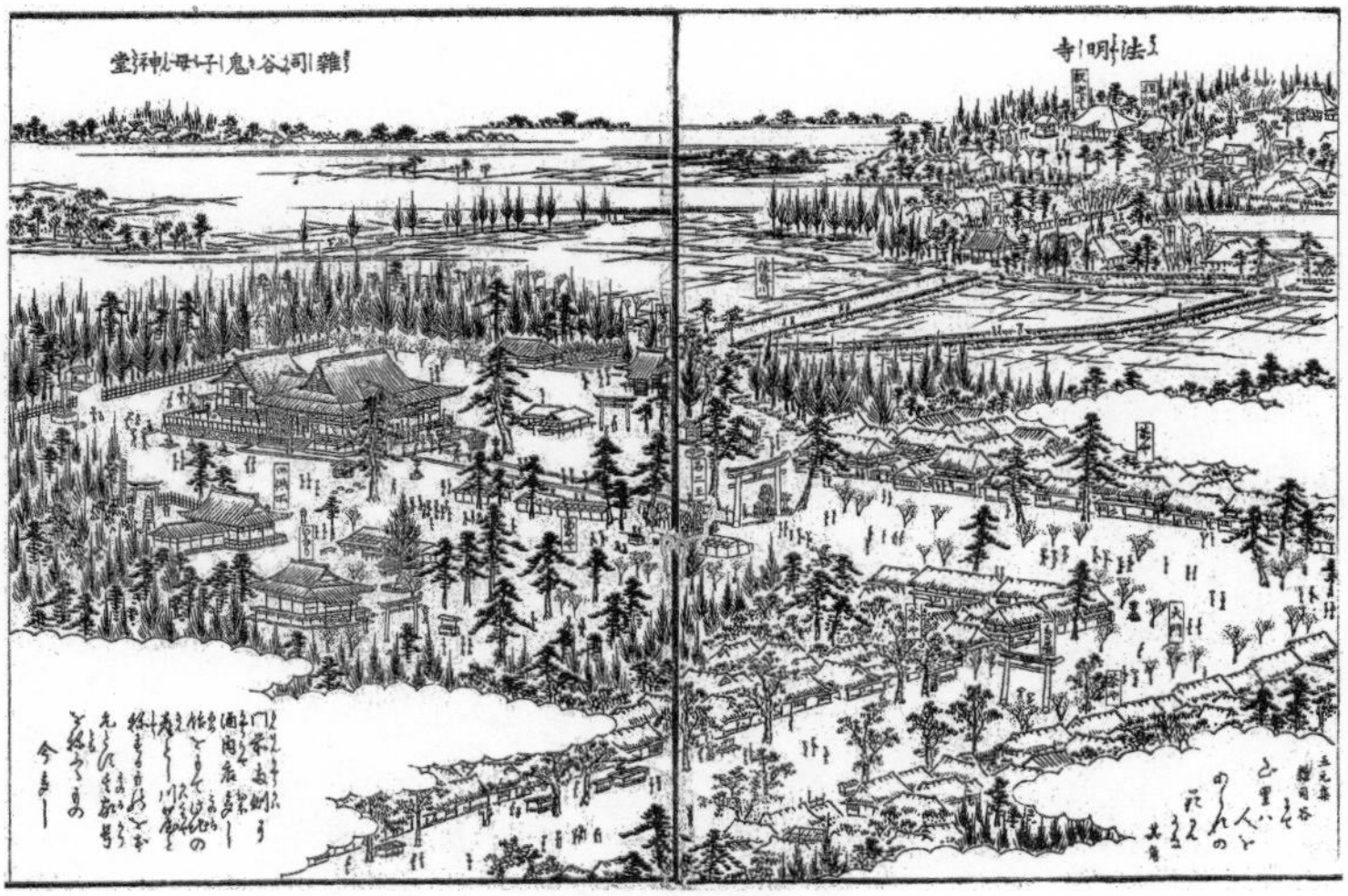

図87　鬼子母神堂

多かったが、二階の端が空いたのでそこで休んだ。「大道甚群集、上の茶屋にて太神楽舞ふ」。ただ午後3時頃には、「次第に人去七比甚少く成」とある。

安永六年十月十六日は、「護国寺前へ出、往来甚多し寺内賑也、本堂へ上り仏を礼し」、「裏門より出、塗中群集分かたし」。雑司ヶ谷の坂上の寺の飾物を見る。「茶や〳〵皆幕或ハ翠簾（すだれ）を掛男女夥し、本堂込合ゆへ裏を廻り寺この飾物を見る、白龍の作物計よく出来其余如例」。「休むへき茶やみな塞るゆへ休ます人にもまれ行、菊つくりたる茶や有、ちよと寄　烟を弄し直に出」とある。

安永七年十月七日、「護国寺へ入　観音拝し、堂右奥の茶屋に暫休み、裏門外にて非人数多つく、直に鬼子母神内陣にて拝し、堂を

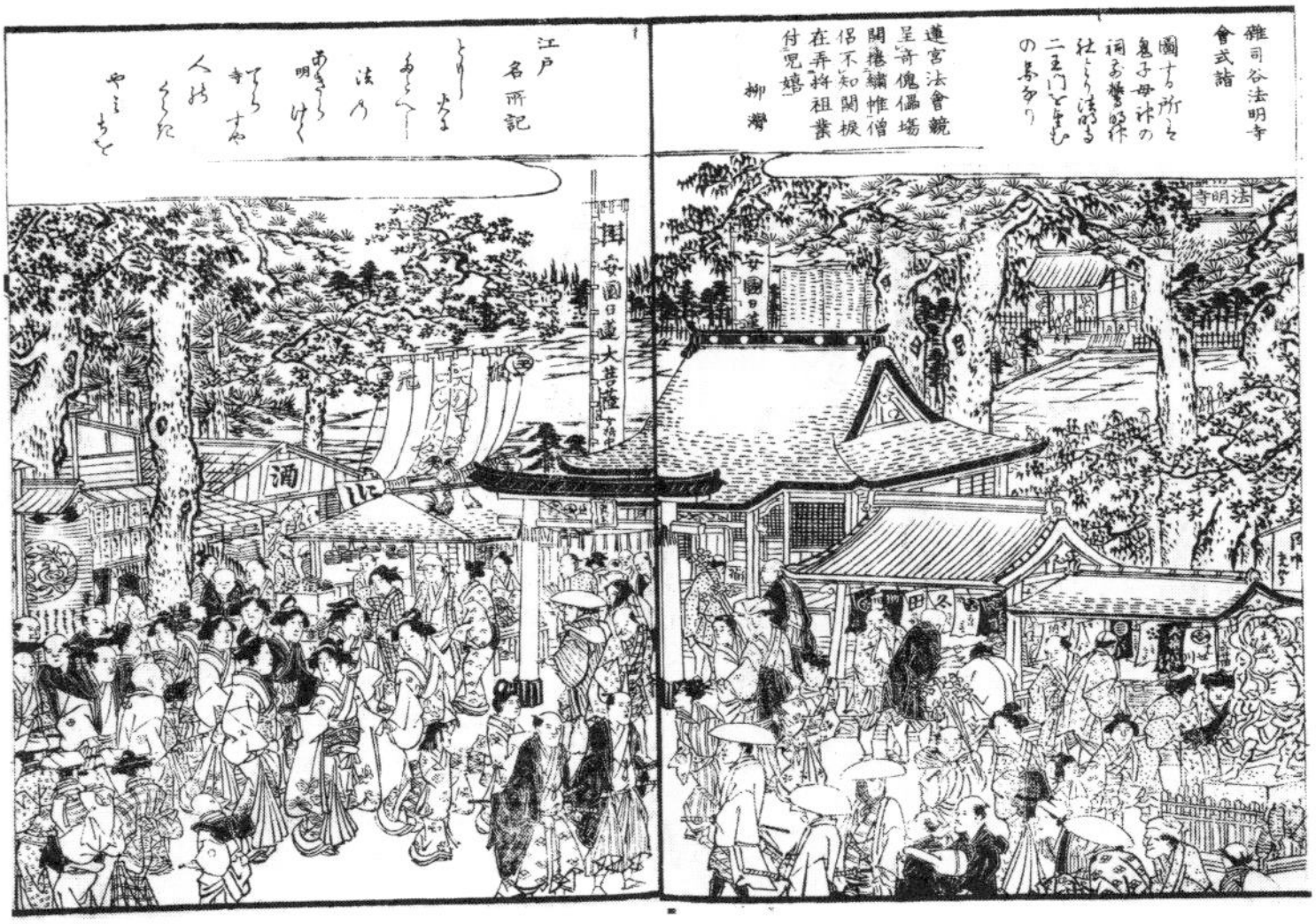

図88　雑司谷法明寺会式詣

廻り千年堂より順に餝物を見る」。人は少なく静かであった。千人堂《せんにんどう》の堂上は人夥《おびただ》しく、「餝物龍を作り、柊葉にて鱗を作り番椒を背に植し有、或ハ鬼子母神を作り、眼口働く様に糸を付、僧側にて袖裏にて糸を引有、淀城水車に水を湛し有、其余ハ珍らしからぬ作物也」と。茗荷屋へ戻ると、「向ふの茶やにて男児よき声にて唄諷ひ三絃賑なり」、こちらの方でも三味線を弾き、供の「岑・通・弓・伊達吉道成寺踊る、人立有」と。「会式の花簪等買ひ六ツ時挑燈にて起行」する。

八年十月七日は、護国寺観音を参詣し、茶屋で休み、裏門より坂上の寺の餝物を見る。鬼子母神に参詣し、「内陣にて拝し千年堂左右の餝物不残見、千年堂にて談儀有

図89　雑司ヶ谷の図

故少間、本坊へ上人音楽にて帰るを見、飾物を見廻る、枇杷新葉にて大龍の鱗を作り腹を裏葉にて作りたる好、大行寺不二白酒作物水を流し水車に臼を挽かせたる好」と。ここで「十二計の児二ツ計の子を負ひ作物を見て居たるか、少児よく笑ひ甚愛らしく暫く愛す」と見つめていた。そして、「其余造物見るに足らす」と物足りなく思い、「九郎僧挿花を見る二十瓶計」ある。また「奥鞠掛にて三人僧俗交り蹴るを暫見」と興味のあるものを記している。

また、安永九年十月十三日には、大学舘裏を経て群集する護国寺へ。観世音拝し裏門から茗荷屋へ、途中も大熱鬧、茗荷屋と福山の二階には翠簾が掛り、諸侯の奥方（嶋津淡路奥方か）。そして、鬼子母神は大に込合うので内陣へ廻り、さらに混んでいるので、右側の水茶屋に、九郎僧で立花を見、和泉屋離亭上間へ行き、客大に込合い、硯蓋など出させ酒を飲む。混雑は熱鬧ながら三分二を減し、前路を帰る。

天明元年十月には、五日と十四日に雑司ヶ谷に訪れている。五日は「雑司谷大かい賑也、直に拝し、坂下にて弟つかひ角抵取らせ、猫行司するを立なから見、寮の飾物見る、例の如し、本堂に羅漢角抵のからくり有、皆見るに足らす」とある。十四日は「護国寺観音参詣、直に鬼子母神祠外にて拝す、参詣込合ハす浅草縁日程也」であった。「鬼子母神堂右茶屋に少休む、二三万石の後室六十計なるに逢、鬼子母堂より国家の奥方と見へ婦人二十計堂を廻るを見る、茶屋に乗物廿挺計在、前路を帰り、御嶽角の寺の立花を見、門外の道より村外へ廻り、護国寺内より帰る」。

天明二年十月七日、「直に鬼子母神参詣、社内賑なり、千年堂辺飾物半出来、本坊綿にて大象を作甚好、其外紙にて白蚍作たるも好、裏より和泉屋へ行、九郎僧立花を見る、表坐敷客男女多し、離亭に休む、脇に四畳半出来、女客在、田楽やかせ、大平等云付、爰にて支度、主に柿貰ふ、八半過起行」した。

天明四年十月九日、「護国寺薩埵拝す、塗中甚群集門外にて女乞食つく、爰にて鷹を遣ひ居るを人立留り見る容子、御岳飾物を見、雑司谷磴下にて拝す、寺この飾物例の如し、別当飾物を見る時　人叢中十二三の坊主　五十許の町人の腰の財布の紐を切見付　打擲するを見る」。

「六郎僧寺の挿花を見」、鳥居西脇坂の端の茶屋二階へ行き「田楽云付弁当つかひ　窓下へ声色遣ひ二人呼寄、七半過起行」とある。

立花（生花・挿花）

信鴻は、雑司ヶ谷に訪れた時、度々「立花（生花・挿花）」を見ている。立花は、物見遊山の目的にはならないが、あれば積極的に見ている。関心が高かったことは、「宏斎流一挂挿花会幕打人多く来り見るゆへ内に入見る、見物多し」「蓬莱屋にも咀英挿花会甚賑し」「御嶽角の寺の立花を見」などの記述からわかる。

安永十年二月十六日には「村井へ行〇稽古挿花十七八種建」と、信鴻自身も村井宅で十種以上の花を活けたと思われる。江戸で生花が流行していたことは確かで、天明四年に「浅草梅園院で源氏流生花千葉竜卜が一世一代の大花会を催す」と、『当世穴さがし』に記されている。

生花の流派は「源氏流」の他にも多数あって、各流派は以下のような花道書を安永・天明年刊に作成・刊行している。『源氏活花記《げんじいけばなき》』（１７５０年）、『抛入岸之波《なげいれきしのなみ》』（１７５７年）、『千筋《ちすじ》の麓《ふもと》』（１７６５年）、『生花百競《せいかひゃっきょう》』（１７６７年）、『抛入花薄《なげいれはなすすき》』（１７６８年）、『生花枝折抄《いけばなしおりしょう》』（１７６８年）、『立花伝《りっかでん》』（１７７０年）、『甲陽生花百瓶図《こうよういけばなひゃっぺいず》』（１７７３年）、『砂鉢《さはち》生花伝』（１７７

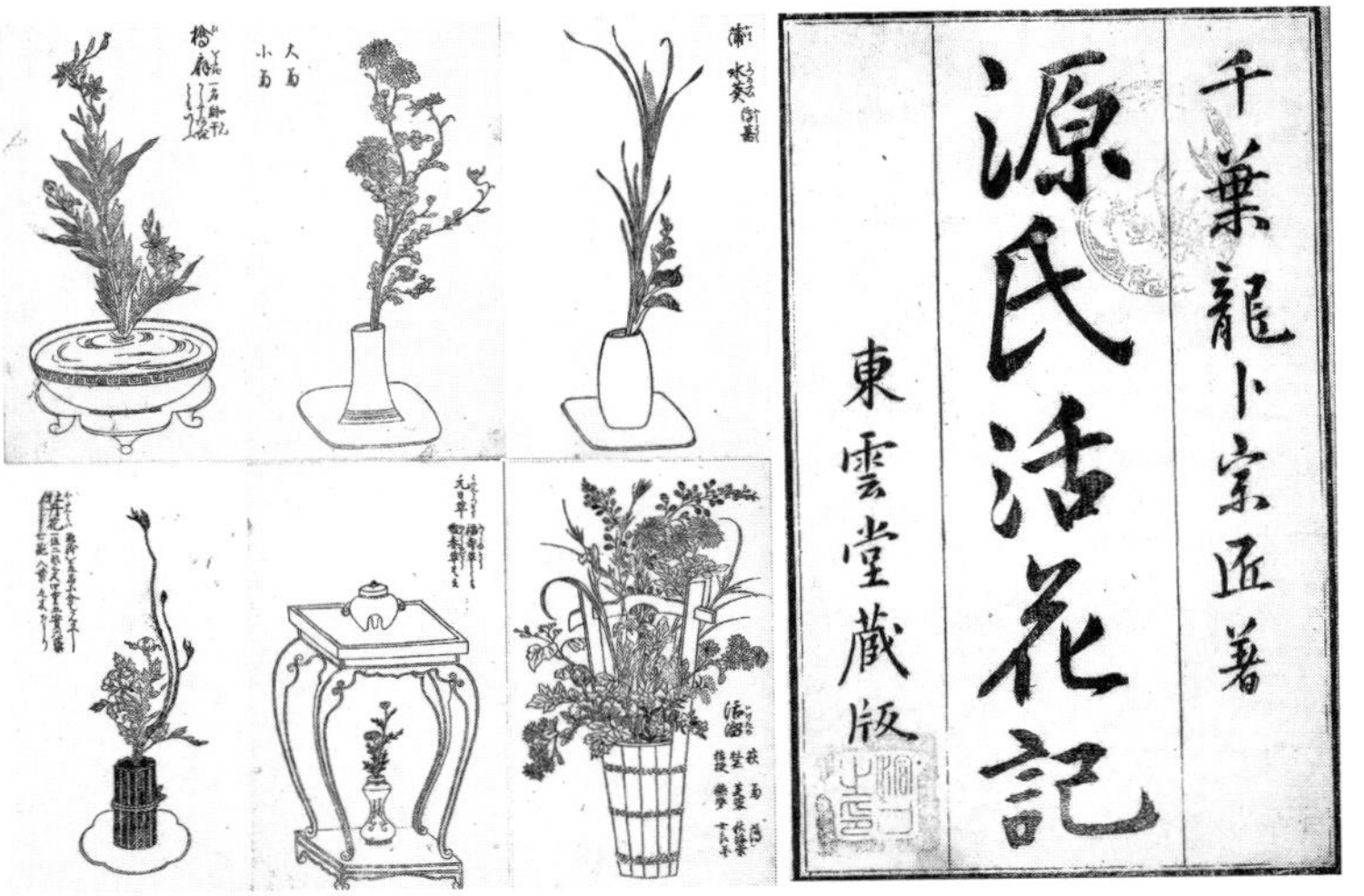

図90　源氏活花記

4年)、『挿花てことの清水』(1774年)、『挿花古流生花四季百瓶図』(1775年)、『挿花故実化《こじつか》』(1775年)、『美笑《びしょう》流《りゅう》活花四季百瓶圖《ず》』(1778年)、『生花草木出生《そうもくしゅっしょう》伝』(1780年)、『古流《こりゅう》挿花《そうか》湖月抄《こげつしょう》』(1785年)、『千流《せんりゅう》花之秘書』(1785年)、『萩《はぎ》濃《こ》霜《しも》』(1786年)、『活花図大成』(1787年)、『生花出生伝図式』(1789年)、『生花小篠二葉傳』(1790年)、『抛入花薄精微』(1794年)、『挿花秘傳伝図式』(1796年)。以上は、『花道古書集成』(華道沿革研究会編)、『続花道古書集成』(続花道古書集成刊行会編)によるもので、当時いかに生花が盛んであったかがわかる。

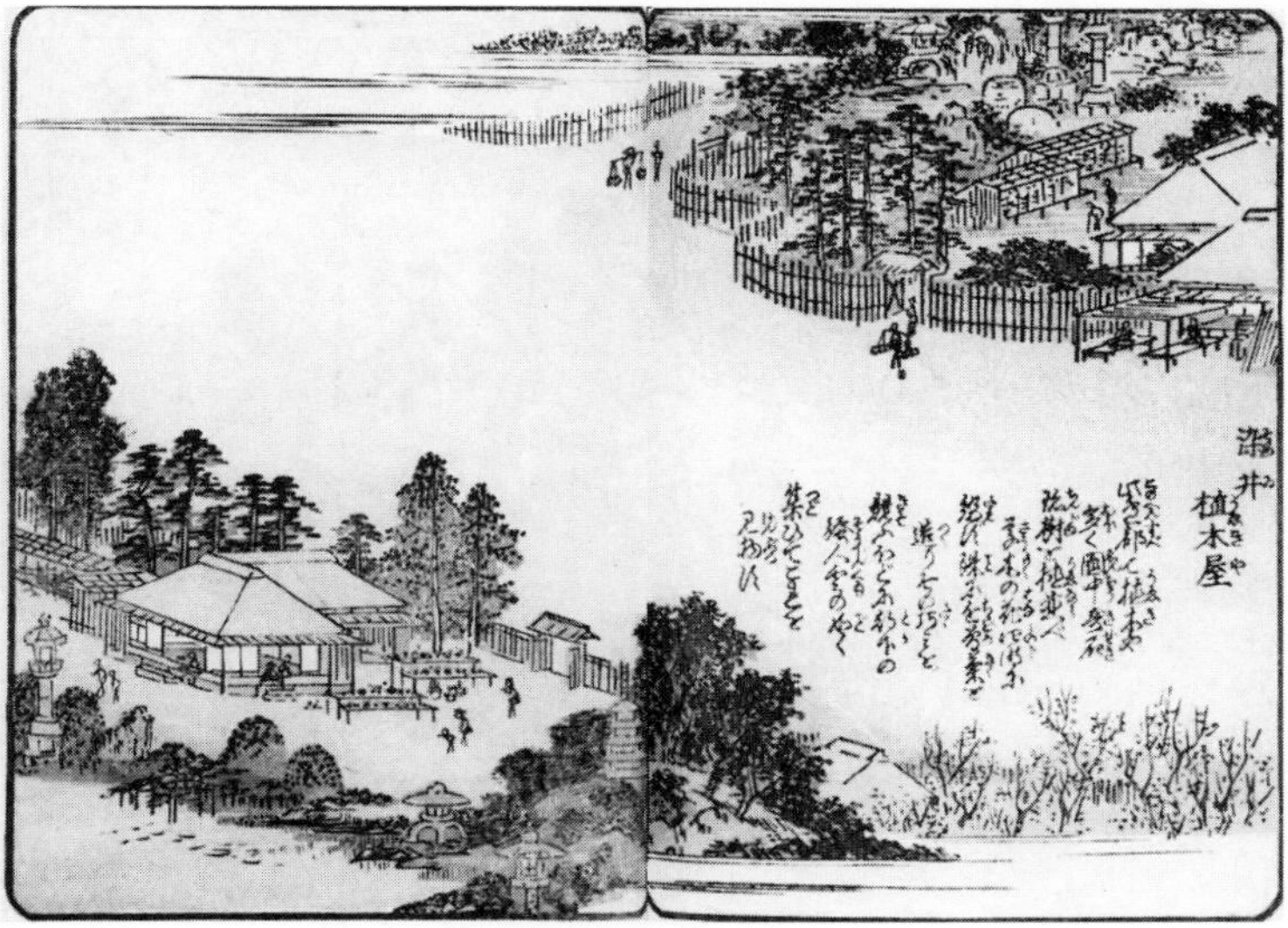

図91　染井植木屋

観菊（菊見）

鬼子母神のお会式に出かける日は、ちょうど観菊（菊見）の時期にあたる。雑司ヶ谷・護国寺方面に向かって六義園を出ると、その前に植木屋「庄八」があり、信鴻はそこでキクを観賞するのが恒例であった。その先にも、何軒もの植木屋があって、キクを見ながら出かけている。この一帯、染《そめ》井《い》・巣鴨《すがも》には、数多くの植木屋（花屋）があって、一大緑化センターが形成されていた。

安永三年の観菊は九月三十日、「表門前庄八菊を見（略）夫より和泉境より巣鴨西側四郎左衛門か菊を見［見物多し］次に同

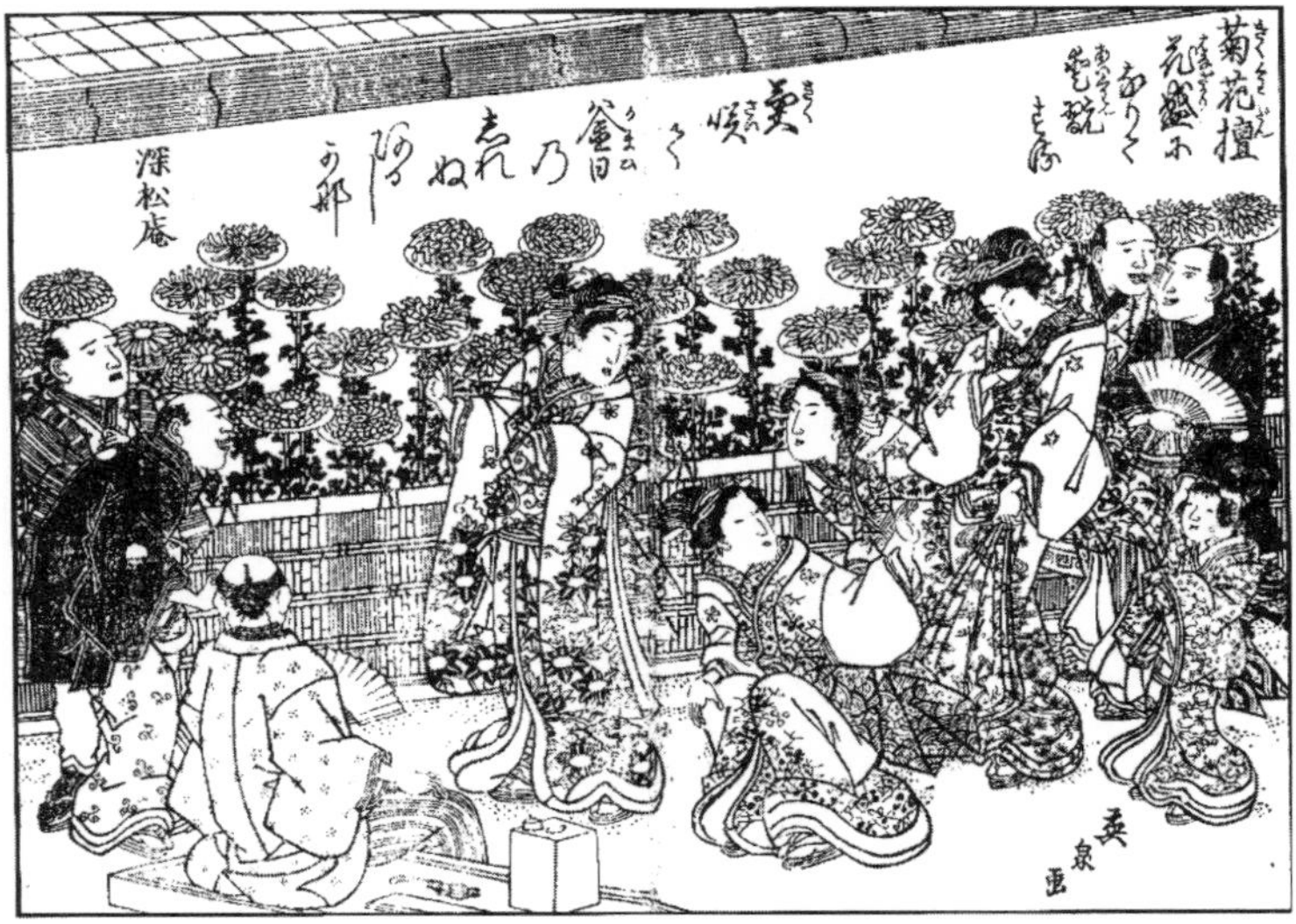

図92　菊花壇

側八五郎菊を見、家居甚劣れ共花ハ好し、爰にて佳花の名を書とむ、次に東側武右衛門菊を見、黄と白と中菊を求め」ている。

翌年も十月十一日、午後4時少し前に菊見に出かけた。まず、「庄八庭を見、和泉境より出、四郎左衛門前に供廻り数多有、問しむれハ彦根侯来給ふ由ゆへ手前の路次へ入、彼処にも供廻り多し、無程本供にて歩行帰らるる故彼処の供廻りも急き出るとて供廻り汔り転ふ、其家を行ぬけ、裏道より市左衛門菊を見、八五郎わきより本道へ出、四郎左衛門菊を見る、見物多し、街道の花や二軒立寄」とある。その後「王子街道へ出、薪屋吟八へ行、椽に休み菊を見、茶・烟を弄し、暮頃帰廬」とある。

菊見を観賞する場所は、染井・巣鴨周辺

に多いが、前述97頁のように亀戸へ「筒咲白菊珍らしき菊」を見に出かけたり、出かけた先で見ているように、シーズンになるとあちこちに菊花壇が設けられていた。

第十章

飛鳥山からの閑歩

飛鳥山

王子《おうじ》駅を降りて、西側に面する小山が飛鳥山（飛鳥山公園）である。江戸時代の飛鳥山は、公園とは呼ばないものの、誰もが自由に遊べる場所であった。その切っ掛けを作ったのは、八代将軍・徳川吉宗《よしむね》である。享保五（1720）年、吉宗は、庶民の遊び場として、飛鳥山にサクラの植栽を行った。その後の享保十八年、花見客のため十軒の水茶屋設置を、元文《げんぶん》三（1738）年、五十四軒の水茶屋を許可し、庶民に開放された桜の名所となった。

また北側には、吉宗が飛鳥山を寄進した王子権現（王子神社）があり、その間を音無川《おとなしがわ》（滝《たき》野川《のがわ》）が流れ、さらに川の先には滝不動などがあり、春の桜、秋の紅葉と、四季折々に、江戸から訪れる人が絶えなかった。

最も訪れるのは、花見であり、待ち焦がれる人が多かったのであろう。信鴻も、安永三年三月一日に、飛鳥山と王子権現を尋ねている。途中の人通りは少なく、「飛鳥山華未開」と記している。

サクラの開花が気になっていたのだろう、花見時の三月二十六日「七つより飛鳥山へ」出かけた。サクラは見頃であったらしく、「途野人等多く風流ならぬ」と、花見の中に入っていけ

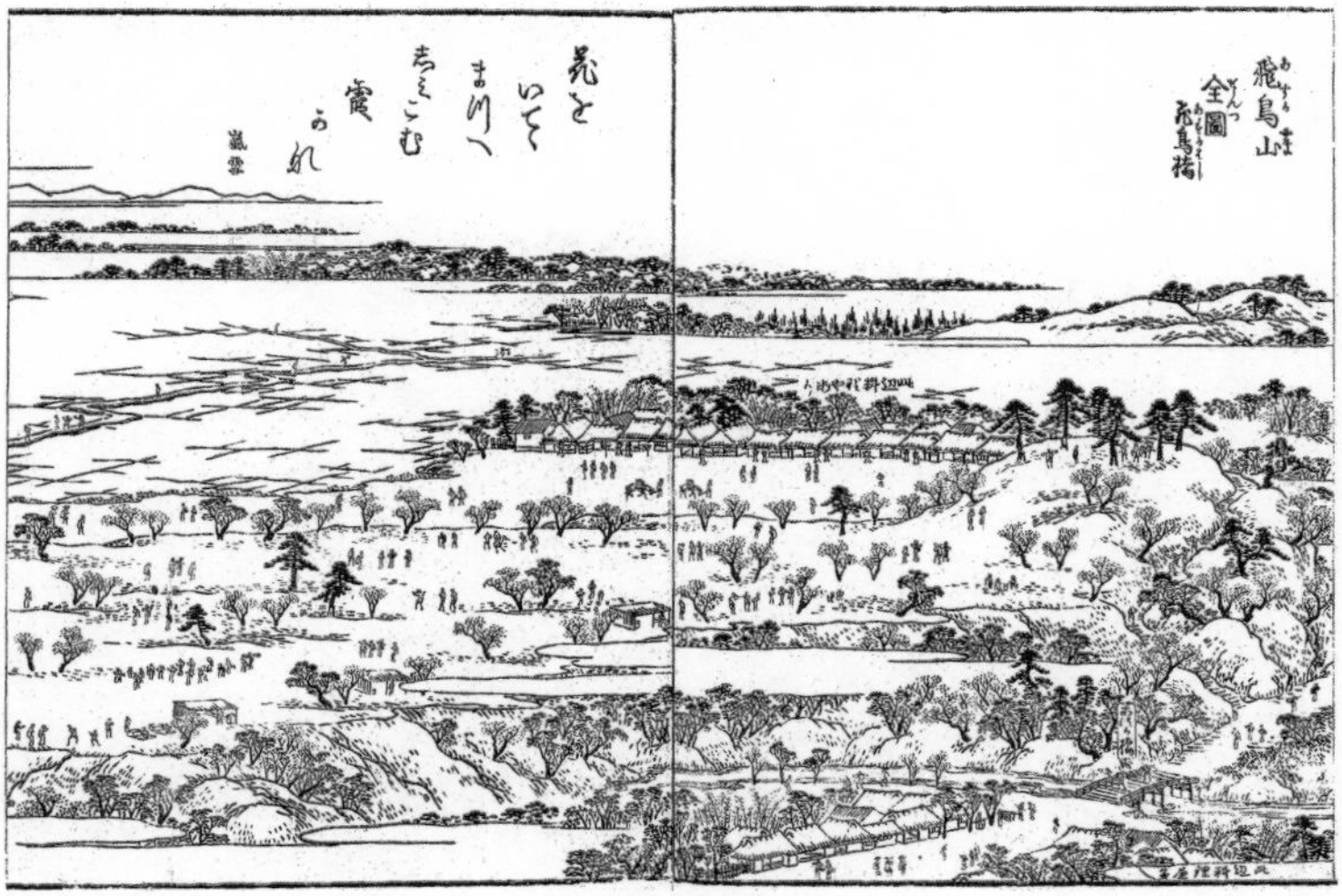

図93　飛鳥山全図

なかった。その混雑の主役は庶民であること、騒ぎの程がわかる。飛鳥山の花見をあきらめ、道灌山に向かう。「田畔を左行、左右麦隴長し、風景好、道行人群集」と、行楽シーズンを反映していた。「道灌山にて野童土器（かわらけ）を投、（供の）九里・石井も投、日暮岡人群集、繋舟松の遠目鏡、霞みて見へす」と、日暮里まで大勢の人が出ていたことを記している。なお、「土器投げ」は、素焼きの皿などを厄よけとして、高いところから願いを掛けて投げるものである。ここでは、子供の遊びとして行われていたものと思われる。

四月（天明四年）に飛鳥山を訪れた時は、「飛鳥山晩望好」と感想を記している。

五月末（安永八年）の夕方、側室お隆と王子へ出かけた。「道にて女なもみを取」り、

図94　投土器

「王子稲荷参詣、稲荷手前茶屋水吹出すを見前路を帰る」。王子前にて「蛍取来へき由申つけ、直に槌屋へ行反橋離亭を貸る、爰にて夜に入、田楽・鴫焼・卵摺等出す、無程蛍取皆と来る、弁当つかひ前路を帰る」。

六月五日（安永九年）も飛鳥山周辺に訪れ、「飛鳥山へ上り」「山越しに稲荷へ行」「飛鳥山

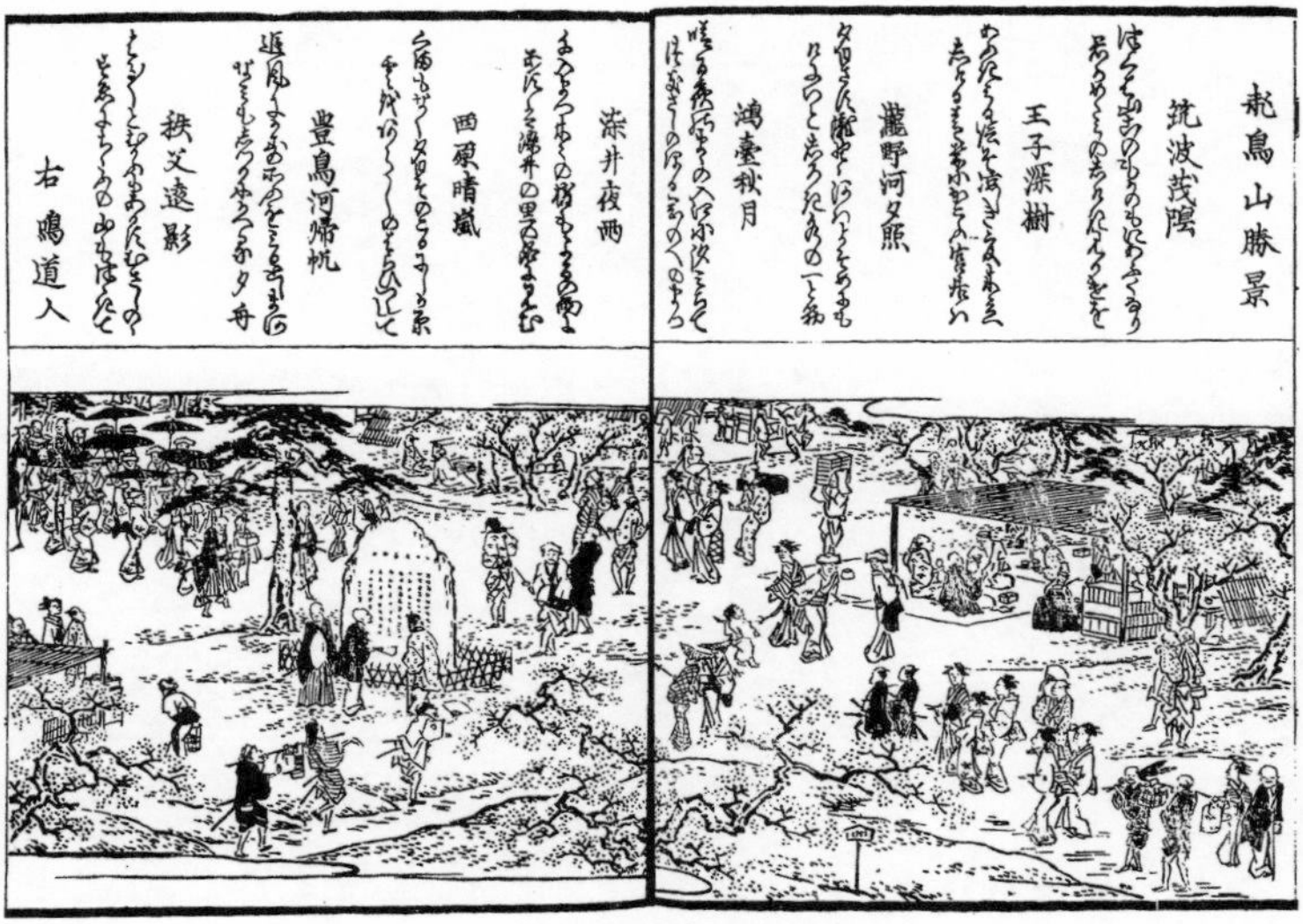

図95　飛鳥山勝景

下茶屋長岡屋へ行」「彼処にて弁当、田楽等焼かせ」、午後7時前、「王子の方へ蛍取に」行くが「今夜蛍甚少し、二三十計取来る」と蛍狩りを楽しんでいる。

十月（天明四年）にも「今日天気晴尽一天雲なし」ということで「八過よりお隆同道飛鳥山へ」出かけた。「笠志鄽上に少し休み飛鳥山上に敷物もたせ、茶屋より田楽取寄酒呑、塗より遠目鏡取にやり、山東遠望、諸山皆晴、前路を暮時帰る」と、花見時の喧騒とは無縁のひとときを過ごしている。

十一月（天明二年）の王子稲荷参詣では、「午の日ゆへ行人あり」と人出はあった。「（王子）権現の橋より山越に行、帰路下の道にかゝる、来時快晴、晩来西北より東へ

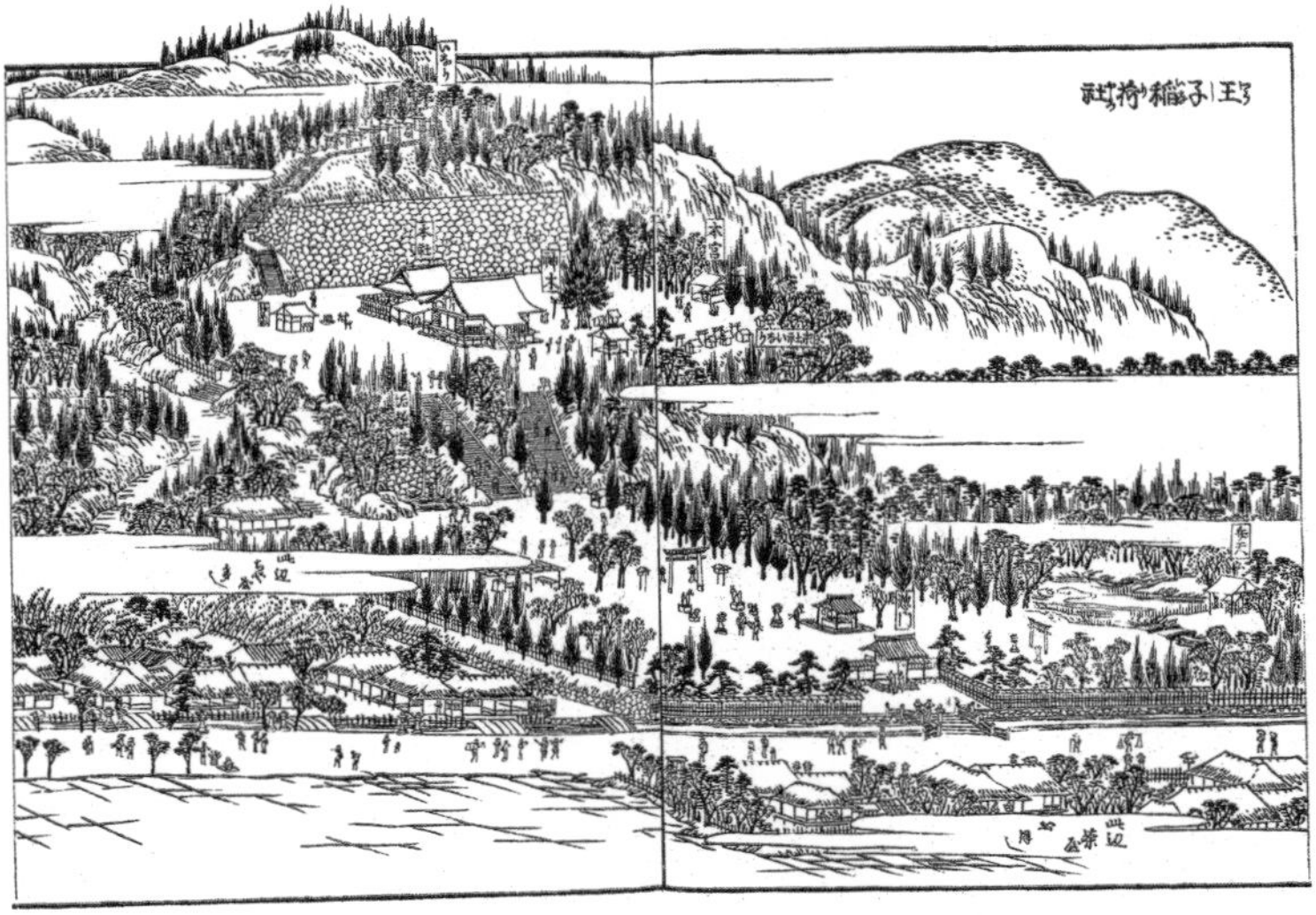

図96　王子稲荷社

一面曇、（供の）伊藤を茶屋みせに遣し、飛鳥山下長岡屋へ案内、田楽・のつへい等出す、白南天・万年青草の実を取、爰にて少睡眠、入相頃起行、妙喜坂にて挑燈つけ六頃帰家」とある。この日、信鴻は出先で昼寝をしている。当時は、こんなことも珍しくはなかったのであろう。

　寒い十二月初め（安永七年）、信鴻は「飛鳥山を廻り稲荷参詣」へ、「帰り山通り橋手前西側茶屋に休む、客在、田楽焼せ酒を飲、前路を帰る、平塚手前にて茶の荷背負し二十四五の男、予に向ひ腹痛甚く丸薬を乞ふ故麝香丸与ふ」と。このような対応は、信鴻の人柄もあろうが、当時の社会では当たり前だったのだろうか。

図97　王子稲荷の社

滝野川

滝野川《たきのがわ》は、渓谷の滝や紅葉、弁財天《べんざいてん》などがあって、広重によっていくつもの錦絵が描かれている。また、付近には、真言宗《しんごんしゅう》豊山派《ぶざんは》寺院金剛寺《こんごうじ》（瀧河山松橋院《りゅうかざんしょうきょういん》）があり、豊島八十八ヶ所霊場四三番札所、荒川《あらかわ》辺八十八ヶ所霊場十六番札所、上野王子駒込《こまごめ》辺三十三ヶ所観音霊場一番札所、北豊島三十三ヶ所霊場三一番札所がある。

信鴻が訪れたのは安永八年九月五日、九ツ（昼頃）に出て、六義園から北へ向かって約4キロ先の滝野川弁天である。目的は、弁天で催される「山伏火生三昧《やまぶしかしょうざんまい》」の行を見るためである。紅葉の時期であることから、「滝川内茶屋

図98　松橋弁財天

腰掛数所出し飴売等出賑也、参詣は未少し」と、人出はあるものの参詣する人は少ないと断っている。早速「滝川水瀬甚哭く」と川の近くへ行き、「橋落茶屋」で休み、「火生三味」が始まるまでに時間があるので滝不動正受院《しょうじゅいん》（赤ちゃん寺）へ行、槙尾寺《まきおでら》観世音を拝し本堂を見て、滝不動へ参詣する。

そして、滝の弁天へ参詣に下ると、川は水早く漲り、岸に水しぶきが飛び散っていた。すると、山伏二人が素袍（革緒《かわお》の直垂《ひたたれ》か）を着、往来し法螺《ほら》を吹き、火生の薪奇進《まききしん》（寄進）を勧める。しかし、四十本不足しており行法《ぎょうほう》が遅れるので寄進を呼びかけ、それを聞いて、次第に参詣者が集まり始め群集となる。

「八過頃（午後2時過）行法」は始まり、周囲に巡らした柵の内へ行、「外六間（約11メートル）四方計りに竹垣結ひ畳の表敷見物囲遶（取り囲むこと）、内に四間四方に卑く（低く）竹垣結ひ、東西面に壇を飾り、四方八大龍王（仏教守護の八体の竜王・竜神）の形を表したる作物を建、外囲の人ハ皆立て見る」。「仮の門より山伏八人、前後八木にて作りしさす股を持、心経を誦埒の間を廻り内へ入、東方の床上に大蔵院〔形僧〕大泉院同北方に福寿寺〔僧形〕持法院本覚院、南方に妙覚院明王〔僧形〕院大光院並居、九字を切経を読、大蔵院立て竪二間幅三尺計に堀て松材を並へ、下に杉葉敷たるへ火を打、付木にて火を所ゝへ移す、忽猛火烈ゝ烟うつ巻山伏九字を切印を結ひ扇にてあふき、火の縁を廻りさす股にて材の火の行渡らさるを返すうち烟消烟火甚衰ふ、大蔵院護摩木に火を付口中に含、火の上を渡る、残七人東西より渡る、畢て材をさす股にて返せハ、又猛火炎こと近つくへからす」。

信鴻は、「垣内東正面にて見る」。終わると、山伏は火防《ひぶせ》の札《ふだ》を配分する。行の〔装束素袍裾くゝりあけ能狂言の如〕と、何とも厳かで、敬虔な感念を抱いた。「火生三味」は、浅草などで催された見せ物とは異なり、完全な修行で、見る人を圧倒したものと推測される。

『東都名所　王子瀧の川（歌川広重）』を見ると、当時の様相が想像できる。そこで筆者は、面影を求めて、「音無もみじ緑地公園」を訪れたが、弁天もなく、水しぶきの流れもなく、変わり果てた景色に絶句した。再現は無理としても、何とかならなかったのだろうか。いや、その場所が完全に消えなかったことを評価すべきなのかも知れない。

牡丹園

信鴻は、六義園に移って最初の初夏四月三日（安永三年）、川口善光寺開帳からの帰り、午後4時過ぎに「牡丹花屋の前の水茶やにやすむ」。ボタンの「花を見んと内へ入しに、門中大名奥方（洞津侯）の供群居、門に紫幕を打」と、牡丹園に入ることができず待つことにした。30分ばかり待ったが、「半下女唄うたひ左右二三町の間を歩く故」と、まだ帰りそうもなく、花を見ることを諦め帰宅した。

この牡丹園の成り立ちは、茶器を売っていた店の別荘にボタンがたくさん植えられていたので、世間ではその別荘を牡丹屋敷と呼び、やがて、店の主人の方でも店の屋号を「牡丹屋」にしたということらしい。その評判は、当時江戸随一と言われていた。なお、この牡丹園は、現在の旧古河庭園にあったとされている。

信鴻は、ボタンの時期以外にも再三訪れており、飛鳥山方面に行く途中の休憩地としていた。以後、ボタン観賞には5回訪れており、開花の時期はいつも混雑していた。安永七年に訪れた時は、「坐敷客在賑し、隠居七十計白眉出迎、欄（仕切）中を廻り見る、百余種有、爛漫奪目」と、ボタンの種類は、百種を超え、さぞかし見事なボタン園であったと思われる。

またある時は、「坐敷にハ諸侯方忍にて来りし様子、酒燕吸語聞ゆ、牡丹真盛也、障子に穴してのそく様子ゆへ　こなたはかり牡丹を見、引返し帰る時　玄関へ数人駆出見る者多し」と、酒盛りをした武士たちが、花を見に庭に走り出る様子を見ている。

図99　牡丹臺

摘草

飛鳥山方面は、春の摘草が豊富らしく、信鴻は毎年のように訪れている。摘草は、六義園内でも頻繁に行われており、わざわざ出かけなくても収穫できた。それでも出かけたのは、側室のお隆の要望が強かったものと思われる。また、摘草は、飛鳥山方面に限らず、雑司ヶ谷などに出かけた際にも、見つければ収穫している。食べることが主目的ではなく、収穫すること自体が楽しかったのだろう。

摘草に出かけるといっても、収穫だけではなく、景色を見たり、お参り、飲食など、物見遊山ならではの行程である。三月十日（安永九年）、その日も庭で蒲公（タンポポ）を取ったが、午後2時前から「お隆同道つみ草に出」かけた。「山王山を下り田畑堤にて娵菜を摘」と、すぐにヨメナを収穫している。中里村《なかざとむら》へ入り、牡丹屋前〔四辻にて小荷駄騒く〕無量寺《むりょうじ》前でも草を摘み、「三町はかり西の畷（あぜ）前後にて芹を取」っている。二時間ぐらい経って、笠志方へ行き、弁当を食べた。「茶鄽の口へ出遠望、此頃桜花・桃李・辛夷満開」であった。そこからまた、草を摘ながら「暮時帰廬」。

また、二月廿六日（安永三年）の「お隆同道東郊へ草摘」を紹介する。午後1時頃から、笠

図100　摘草

志鄽へ向かい、「尾久への道を問ひ御用屋布前より娵菜・蒲公・薺（なずな）を摘こゆく」。蠣売山より南行すると、娵菜が一面にあり、一時間ばかり草をつみ、尾久八幡を参詣し、弁天拝殿にて休む。ここで弁当、酒を飲み、願勝寺《がんしょうじ》という真言寺を参詣、その前の大木のヒガンザクラが咲いており、また草を摘みながら閑歩する。「此頃日暮に相撲有故見んとて急ゆく」と、「相撲果太鼓聞ゆ、日暮シに見物多く来在、角抵取もあり」。佐倉屋で休み、菜飯《なめし》・田楽《でんがく》等を食べ、6時に出て7時に帰宅した。

二十人程の供には、お隆を含めて多数の女性がいる。彼女らは、男と違って適当に用を足すことはできないはずである。川柳に「白鷺（御殿女中）も貧乏ゆすりして尋ね（農家)」とあり、我慢できないことである。特に江戸では、摘草の途上でどうしていたのか気になっていたが、三月十四日(天明二年)の「八半過よりお隆同道西郊へ摘草」に出かけた日記に記されていた。「酒屋辻より出、菜種盛りなり、山王山神主庭へ入椽にて眈望」している。「坂下にて娵菜摘、牡丹屋東の民家此ほと行し家へ行、三葉芹・蒲公取」り、「笠志方へ小鮮に行」とある。

信鴻は、日記に「大鮮・大解」(大便)については度々記していたが、「小鮮」の記載は少ない。なお、町中に公衆便所がなかったわけではなく、古着などの露店が並ぶ柳原に小便溜の桶があったことが、川柳「小便をたるづめにする柳原(安永八年)」からわかる。ただ、女性、それも武家となれば、町中の雪隠《せっちん》でも遠慮せざるを得なかったであろう。

さて、摘草はその後も続き、供の「谷　足を穴蜂にさゝれ」たり、「伊勢参宮人」と会うなどのハプニングもあり、暮過ぎには帰宅した。

川口善光寺

飛鳥山の先にも、江戸から容易に訪れることのできる善光寺参りがあり、人気があった。川口善光寺は、川口村渡し場の北にあり、信濃《しなの》善光寺の阿弥陀三尊を模造して安置し開創された

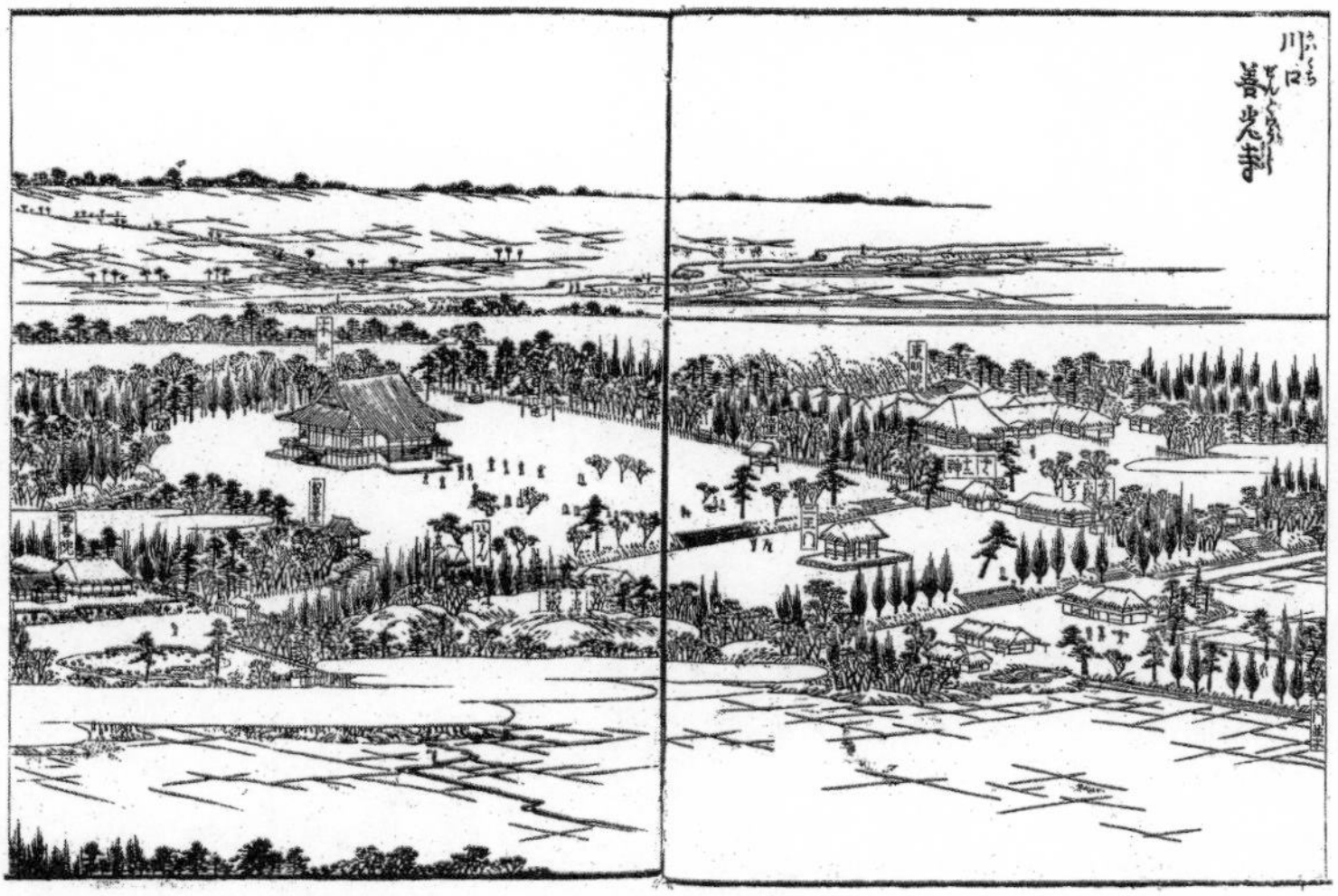

図101　川口善光寺

寺である。

安永三年二月十一日から開帳が催され、その日に「りを・半下（はしため）二人、川口寺開帳へ行」と、使用人が出かけている。信鴻も、四月三日に訪れている。その様子は、「塗中参詣の帰、群集　辻博奕数所、本堂霊宝開帳、堂左に霊宝場有」、また「小堂に霊宝有」とある。周囲には、「門前左側ニ間目、民家茶屋を出せる奥に、四畳葭囲ひ　かりや」があった。「那処にて弁当、供ハ蕎麦を喫」し、帰路となる。その後は、「稲付右側山上道灌墓所浄勝寺をみる、磴道たかし、小堂に道灌の木像開帳、老人一人有て縁起を演説す、彼と咄す、小堂下則墓所也、堂外左側田中道灌親殖五葉松を見、小札五絶二首を題す」「幡松岡といふ稲荷参詣、路考茶屋に休み王子（王子権現か）へ詣つ」とある。

その途中か、「王子道にて老媼と娵らしき者十二三の坊主をつれ立かへる、供手に草をさげ大に沈酔の様子　足踉不定」。さらに「牡丹花屋前に休し時　女生酔三人通」と、女性の酔っぱらいを二度も見ている。

川口善光寺開帳は盛況らしく、六日後にも信鴻が廻向院へ行く「塗中川口参群集」を見ている。

図102　川口の渡し善光寺

第十一章

風光明媚な増上寺・祐天寺

飯倉神明宮

増上寺は、明徳《めいとく》四（1393）年に浄土宗《じょうどしゅう》第八祖酉誉聖聡《ゆうよしょうそう》上人が開いたとされている。その後、徳川家康が江戸入府の折、増上寺の前を通り、源誉存応《げんよぞんのう》上人と対面したのが菩提寺となるきっかけだったという。江戸城の拡張に伴い、慶長《けいちょう》三（1598）年に現在地の芝《しば》へ移された。風水学的には、上野の寛永寺《かんえいじ》に対し、芝の増上寺は裏鬼門とされている。

信鴻は、新堀《しんぼり》の上邸《かみやしき》へ行く途中に増上寺があることで、休憩地として近接する神明（飯倉神明宮）や萱焚天神に立ち寄ることが度々ある。ただ、通り道であることから長居する飲食店は少なく、増上寺を参詣したとの記述もない。

なお、六本木へ出かけた天明元年九月十三日の帰り、「切通し増上寺前三島町神明北辻に中村の櫓上け今度の看板の通りに書、人群集ゆへ宇田川裏丁へぬけ　神明参詣、人叢分難し、神宮壮麗甚厳然、拝殿の向ふ落間（他の部屋よりも床が一段低い部屋）左右高欄・合天井美麗也、御社を廻り落間へ入、甚群集」していた。例祭、生姜祭と思われる。「芝居覗等所こに在、悉巡見畢、表脇一眼の老爺か売る生姜（風邪除け）幷大ちき（千木筥）買ハせ」、「宇田河裏町より芝居（柴井？）町へ出」とある。

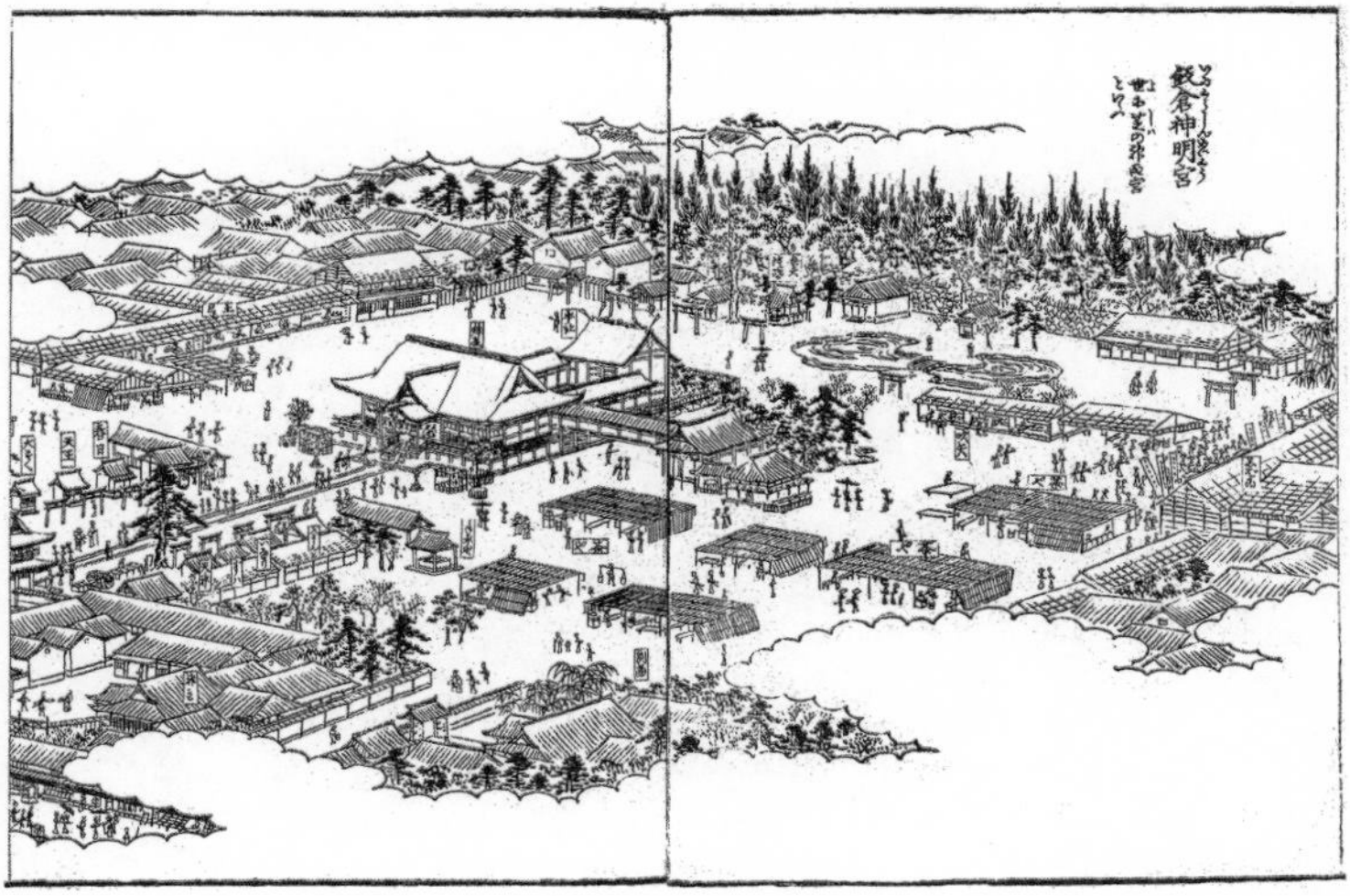

図103　飯倉神明宮

図104　芝神明宮祭礼生姜市之景

図105　目黒不動之図

目黒祐天寺

祐天寺《ゆうてんじ》は、本尊・祐天上人（増上寺三十六世法主）像と阿弥陀如来坐像を安置し、享保八（1723）年建立された。六義園からは遠いからか、信鴻は二度しか訪れていない。

安永六年正月九日、信鴻は昼過ぎから目黒へ願掛に行く。肥後殿橋から魚籃（観音）に向かう「塗中火消縦横に行」に会う。「魚籃参詣、白銀台、熊本侯門前より高野寺前」へ出る。そこで、「更紗梅・唐豆腐を買」う。「地獄谷行人坂茶やに休む」。目黒不動に参詣し、餻花・目黒飴を買い、横町より野へ出る。「田畝道より袖崎館前（袖ケ浦《そでがうら》に面した所か）に添ひ、御殿山の北辺より品川新宿の真中へ出、高縄（高《たかな》

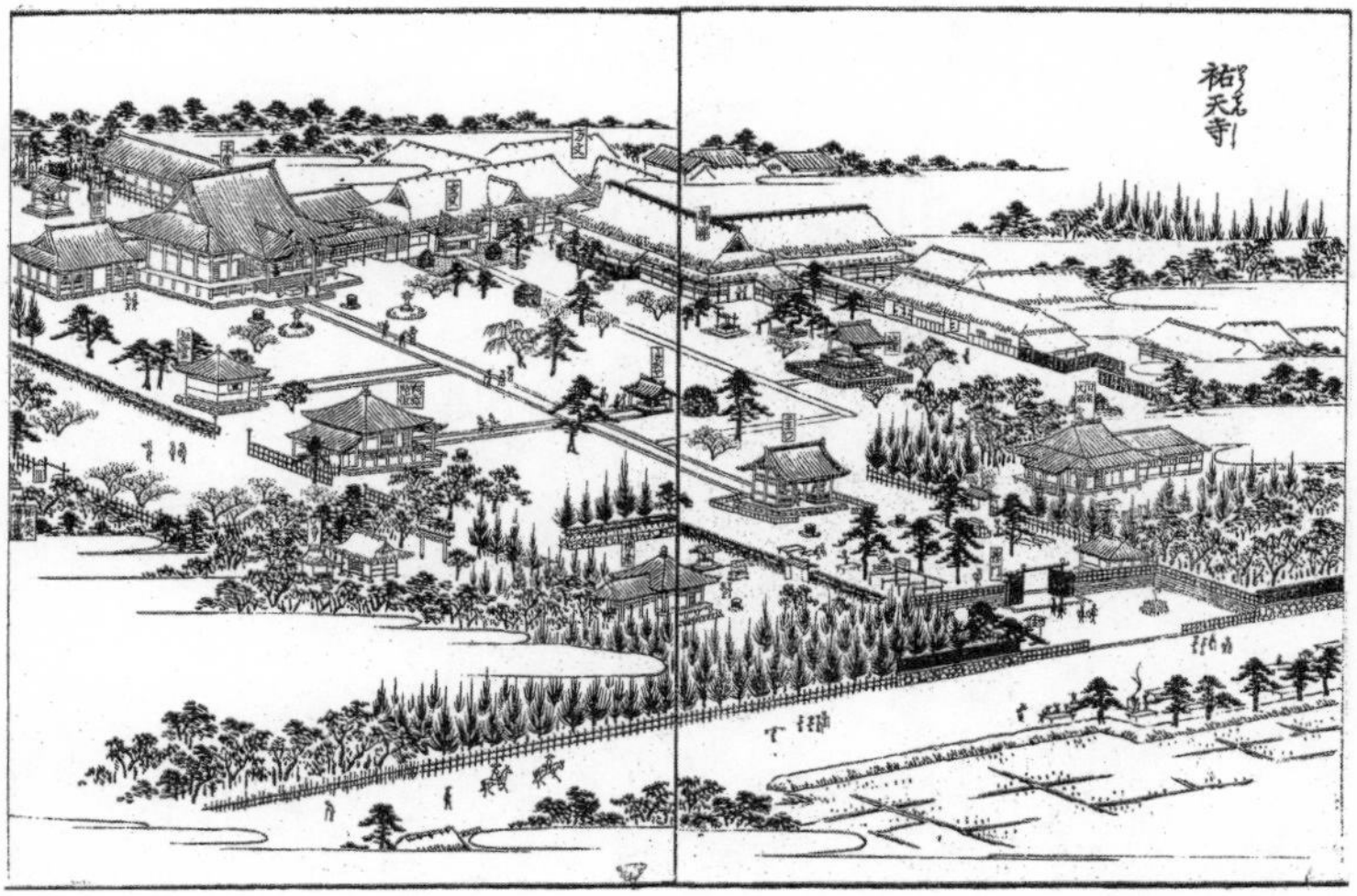

図106　祐天寺

輪《わ》）へつき」。「大木戸海はた伊せやにて蕎麦を喫ひ、白かね台へ上り、魚籃前より前道を帰る」とある。帰宅は午後5時を過ぎていた。この間の行程は5時間、およそ20キロくらいは歩いていたのではなかろうか。健脚なのに驚く。

次に紹介するのは、天明四年九月二十九日に側室お隆を連れての祐天寺目黒参詣。その日の起床は午前5時頃、「甚寒し」、「挑燈にて出る」とまだ暗い6時過ぎに出発。お供は二十四人、全員で何と二十六人になる。白山《はくさん》前から六角坂、牛天神坂、中殿坂、鮫橋、権太原、青山、梅窓院《ばいそういん》へと。「泰平観音参詣、堂宇の小庵を仮り　火にあたり　茶を出す、暫休む」、「善光寺前金王参詣、裏門より出（略）下渋谷原」、「別所より祐天寺」、「観音

図107　高輪の光景

拝し祐天・祐海墳墓へ詣、坐敷かり　弁当つかひ　御成の間を見、裏門より野通り　目黒山の門より入」る。「本堂拝し御堂廻り本道へ出」ると、「参詣熱閙」、宿の外は初紅葉、水茶屋にて休み、「正月屋粟餻坐鋪に休、餻を喫、高野寺参詣、本堂へ安楽院案内、成慶院も出られ内陣にて拝し　坐敷へ通　煎餅・蝉昆布・野菜等贈る、末まで二汁七菜料理」という饗応を受ける。

　その後「庭山へ登り遠望、菊壇を見」て、午後4時前に出る。泉岳寺《せんがくじ》で義士の墓を参詣し、高輪へ出ると「海上晴尽景色可愛」と袖ヶ浦の景色を観ている。浜《はま》松町《まつちょう》、将監橋《しょうげんばし》をわたり、「日暮神明参詣、内陣迄拝見」する。「爰より挑灯、宇田川町小西水茶屋に休み」、次に神田の井筒屋に休み、出発際に「五（午後8時）の鐘聞ゆ」、午後9時過ぎに帰宅した。

第十二章

恵まれた江戸庶民

江戸の物見遊山を西欧と比べて

十八世紀の西欧、イギリスのロンドンでは、「一八世紀半ばの、熟練あるいは非熟練労働に携わる男や女の生活は、決して羨むようなものではなかった。労働時間は長く、一時間半の食事休みを含めてではあるが、三月半ばから九月半ばまでは朝五時から夜七時まで、そのほかの季節は夜明けから日没まで、週に六日働いた。公休日は、クリスマス、復活祭、聖霊降臨節だけ。さらに、『絞首刑執行日』が年に八日あった。この日にはロンドン中の職人が処刑を見物しにタイバンに出かけた」(『18世紀ロンドンの私生活』ライザ・ピカード著/田代泰子訳)。

信鴻が物見遊山を楽しんでいた安永年間頃の西欧、神聖ローマ帝国での庶民の楽しみは、どのような状況であったか。時の皇帝はヨーゼフ二世、啓蒙専制君主とされている。その政治は、農奴解放令の発布という、フランス革命以前のヨーロッパでは、最も革命的な改革を行った。また、宗教寛容令を発布して、非カトリック教徒の信教の自由を認め、住民に公民権上の平等を認めた。さらに、行政と司法の改革をして貴族の特権を廃止して弱体化させた。

庶民の遊びについては、一七七五(安永四)年、ウィーンにおいてアウガルテン(最古のバロック宮廷庭園)を開放した。これは、彼の緑地開放政策で、都市に新たな生活習慣として、貴族から庶民まで平等に散策が楽しめるようにしようとするものである。開放された庭園では、飲食、散策、音楽、会話などが享受できるようになった。たとえば一七八三年、庭園内のテラスを舞台に、モーツァルトの指揮による「早朝コンサート」を恒例の行事としたことがある。

このような施策は、一七六六年のプラーター（ハプスブルク家の狩場）の一般開放から続くもので、「今後、プラーター域内において、年間を通じて、また時刻を問わず、徒歩、騎馬、もしくは馬車にて自由に散策することを、万人に対して許可するものである。なお、本許可令は、プラーター本道だけでなく、彼の地のあらゆる脇道、草地、広場をその対象とする」（『ハプスブルクの文化革命』山之内克子著）と。誰もが自由に球技や遊戯を愉しむことを妨げるものではないとしている。

ただ、これで庶民が本当に自由に活動できていたかというと、別の問題であった。と言うのは、ヨーゼフ二世は啓蒙専制君主であり、彼なりの理想を展開していたものの、庶民の生活・信仰・労働など基盤となる部分の改善までは踏み込んでいなかったからである。当時の庶民には、現代のような自由な余暇時間が与えられていなかった。当時の西欧都市で、誰もが平等に享受しえた楽しみの多くは、宗教的行事や教会の儀式への参加にともなう活動であった。

たとえば、毎日の早朝ミサですら、主人の監視下にいつもおかれていた家事使用人や小間使いの娘たちには、交友や気晴らしの貴重な機会となった。また、聖人崇拝に基づく祈禱会《きとうえ》も、娯楽の場として受け入れることで楽しむものであった。

教会には崇拝すべき聖人が数多くいて、それぞれの聖人の殉教の日などにちなんだ、祝祭日が定められていた。当時のウィーンでは、これら聖人の祝日には、教会をはじめとして広場などさまざまな場所の聖人像前などで、また住宅や中庭でも祈りをあげていた。また、祝日を含めて八日間にわたり、晩禱《ばんとう》の集まりがもたれた。

女帝マリア・テレジアの即位時（一七四〇年）には、日曜日も含めて年間約八〇日のミサを義務づけるとともに、商店の営業や労働を禁じた「休日」として定められていた。マリア・テレジアは、教皇の認可を経て、一七五四年、二十四の祝日に関して、礼拝の義務は維持したまま労働行為を認める法令を出し、さらに、一七七二年には礼拝義務も解除されて、これらの聖祝日は、改めて通常の労働日となった。

なお、イギリスでは「『福音主義』運動の影響の下、一七八一年の法律では、入場料をとる娯楽施設の日曜営業が禁止されるなど、再び規制が強化されることになったし、社会改良を目指した一部の人々は、日曜が安息日として守られていないことを嘆き、日曜の商活動を禁止する法律の制定に努力した」（『祝祭がレジャーに変わるとき』指昭博編）。

ヨーゼフ二世は、一七八一年にワイン酒造業者および飲食店に対し、日曜および聖祝日も、朝の礼拝が終わる午前十一時以降、その営業を許可した。これに続いて一七八五年には、料理店とカフェーハウスもまた、主礼拝の時間を除き、日曜・祝日も全日営業できるようになり、さらに八八年には、これら「聖なる日」に人々がビリヤードやゲームを行うことさえ認められた。

当時は西欧でも、現代の労働と余暇というような認識は成立しておらず、庶民の生活は、基本的には教会と君主・領主によって管理されていた。そのため、信仰と娯楽の要素が混交したものが、当時の社会における楽しみであった。また労働も、宗教行事と同様、娯楽との明確な判別ができていないゆえ、労働に関連する活動に対して快楽を求めることもあった。

その一例として「牛追い」がある。それは、街中の市場から郊外の食肉解体所へと牛を運ぶ道すがら（興奮した牛が暴れる）を身近な見世物としている。一七六〇年には、その光景を安全に見るための格子で囲われた物見櫓が設置された。これは物見高い人が如何に多くいたかということを示し、牛の運搬作業のようなことも、下層民だけでなく広い層の人々の楽しみとなっていたことがわかる。

このような残虐性を求める要望はさらにエスカレートし、一七五五年には郊外部ヴァイスゲルパーに「駆り立て猟専用の円形劇場（熊や牛をなぶり殺す）」が建設されている。このような施設は、啓蒙主義的立場からの批判があるなかでも、三十一年後に焼失するまで、都市民の身近な娯楽の場として人気を博した。

図108　闘鶏場

また、イギリスにおいても「一七七四年、ときの治安刑事ジョン・フィールディングは、ロンドンのある闘鶏場に閉鎖命令を出し、つぎのように語った。『そこで闘鶏が行われる週はふだんの二、三倍のくずどもが集まる』。社会史家のR・W・マーカムソンは、闘鶏がすぐれて階級間の垣根をとりはらうことのできる娯楽であった」（出典、『祝祭がレジャーに変わるとき』）とあるように、野蛮な見世物が好まれていた。

庶民の楽しみを求める見世物は、それだけではなく、服役中の罪人が、道路清掃や運河の貨物船牽引に駆り出されると、それをも見世物として享受した。なかでも、かつて高位にあった人物が囚人服で清掃に励むさまは悪趣味な好奇心を刺激してやまなかったようだ。当時の西欧庶民の愉しみは、かなり制約のある活動であったといえよう。

十八世紀後半の江戸でも、労働と余暇という区分けは成立しておらず、仕事の合間を縫っての楽しみであったであろう。西欧と日本では、このような政治的背景があるので簡単には比較できないものの、江戸の物見遊山を見る限り、西欧の教会や君主からの制約ほど厳しくなかったように感じる。

江戸庶民文化の幕開け

日本の社会状況を見ると、西欧より一歩進んだ「江戸ルネサンス」ともいえる文化の幕開けの時代で、西欧とはかなり異なる状況にあったようだ。

老中・田沼意次が実権をにぎると、重農主義政策から重商主義政策へと転換した。それまでの質素・倹約の緊縮財政策から、商業を盛んにし、商人からも税金をとる経済拡大による財政の再建を試みたのである。商工業者に株仲間を結成させ、営業を独占的に行わせるかわりに、運上金・冥加金《みようがきん》を納めさせた。また、貨幣の増鋳、貿易を盛んにし、商品農産物栽培の奨励などを進めた。

経済の発展は、商工業者の経済力を増加させて富裕層を生み、商業活動のみならず文化的な活動にも町人が参入することになった。特に江戸では、庶民性の強い芸術文化、浮世絵、歌舞伎、川柳、黄表紙、洒落本など新しい作風が持て囃された。経済活動の活性化は、富裕な町人だけでなく、下層の都市庶民にも恩恵をもたらした。それまで武士階級のものだった行事や嗜みなどに町人が積極的に加わり、スポンサーになっていったのだ。

江戸の三大娯楽と称される歌舞伎・遊廓・相撲などは、十九世紀には町人が支えることになる。その前段が田沼時代である。意次の施策には、商人の力を利用したことで、役人と商人との関係が密になり、賄賂や不正が横行した。そのため、金権政治として強調されその評判は良くないが、当時の江戸庶民の楽しみには少なからず貢献していたことを付け加えたい。

庶民の遊楽について、徳川吉宗や松平定信は厳格で禁欲的な要請をしたのに対し、意次は強い規制を取らなかった。たとえば、天才・鬼才と称された平賀源内の活動には、薬草類の調査や鉱山発掘調査などに資金提供をしたり、庶民に向けての活動を一切規制していない。善光寺如来出開帳では人寄せの見世物を企てたり、戯作や人形浄瑠璃・春本など庶民に受ける活動はお咎めがなかった。

もちろん、江戸庶民の遊びに制約がなかったわけではなかった。禁止の触れは、たびたび出され、なかでも多いのが奢侈《しゃし》禁止で、衣服、装飾品、食べ物、祭などにまで及んだ。では、触れが遵守されたかといえば、出された後しばらくは従うものの、抜け道をつくり、時間が経つにつれてなし崩しになっていた。と言うのも、触れは、犯罪や往来の妨げなどの無い限り、庶民の祭や見世物などを本気で禁止しようとする意図を感じさせなかったからである。

図109　駿河町

ただ、火事を防ぐための花火の禁止（安永三年・九年）、事故の再発を防ぐための大凧の禁止（天明四年）などは、安全上のためで当然のことであった。でもそれすら、密集地での花火禁止は安永年間に二度も出されており、いかに守られなかったかがわかる。

また、上野山内での花見は、どんちゃん騒ぎが禁止され、夜桜見物もままならなかった。現代から見れば、無粋で融通が利かないと感じるだろう。しかし、上野寛永寺が徳川家の菩提寺、聖域であることを考えれば当然のことであろう。信鴻も早朝には、「六の鐘聞ゆ、いろは茶や手前にて鄽に出たる人に谷中門もはや開へしやと尋れハ、心許なし池の端へ行」と、谷中門の通行が制限されていたことが記されている。夜間は、「弁天の門へ出んと思へ共門既しまりし故谷中門を出、酒井館前にて六の鐘聞へ挑燈つけ六過帰廬」と、回り道をしている。

町々を区切っていた木戸は、六つ（午前6時）に開き、四つ（午後10時）に閉められる。防犯上かなり厳しく監視され、夜間の行動は制限されていたと思っていた。が、信鴻の帰宅時間を見ると、「谷中へ出、首振坂、千駄樹神明うちより四半比帰る、奥の口より入る」、「四半過帰る」などと、午後11時頃に帰宅している。それも、提灯を灯し、大勢の供を連れて通行している。このような夜間に活動していたのは、信鴻の一団だけではなかったであろう。

信鴻も見守った庶民の遊び

江戸時代は様々な制約があって、庶民は自由に遊べなかったと思われがちである。しかし、庶民の遊楽には、思いの外寛容な社会であることがわかってきた。確かに、信鴻の日記には、「人叢夥し」「人叢分かたく」「人叢甚多し」「大群集也」など、行楽地で庶民が心置きなく楽しんでいることが記されている。彼の訪れるところは庶民で溢れ、その活気と盛り上がりが綴られている。

開帳や見世物、市や祭など、庶民が屈託なく遊んでいる姿を見て、信鴻は、遊んでばかりいないで働けば良いとか、参詣や買い物が済んだら早く帰宅すべきだというような啓蒙的な記述は一切していない。それどころか、遠方から歩いてきた老婆への心遣い、かつて身内に仕えていた女性から親しげに声を掛けられたり、荷を背負った腹痛の男に薬を分け与えたりと、下層の人々にも温かく接していた。このような行為は、信鴻の人柄から来るものであるが、当時の江戸では決して珍しいことではなかったと考えられないであろうか。

信鴻は、毎年同じ場所を同じように訪れ、同じように見物し、食べ、買い物をして、神仏に参り、病の祈願や願掛けをしている。このような物見遊山を楽しめる江戸は、庶民の楽園とまではいわないが、二十世紀半ば生まれの私には、懐かしく快い面ばかりが目に付く。江戸庶民は、自分が楽しい気分でいられる遊びを知っていた。そんな物見遊山を再現しようと思えばできないことはないはずである。

明治維新から続く科学技術の進歩、社会や文化の変化は、御伽噺のような物見遊山を無慈悲にも切り捨ててしまった。二十一世紀の社会は、ＩＴを駆使し、豊かな情報と知識で遊びはもちろん、心の不安さえもコントロールしようとしている。しかし、その弊害は精神疾患として広く浸透している。追い打ちをかけるように、得体の知れない新型コロナウイルス感染症が流行し、庶民は新たな生活様式を求められている。

新たな生活様式は、生活の基本を労働から遊びに転換することが解決の糸口となる。その手始めとして、自宅から一歩一歩自分の足で出かける物見遊山こそ、新たな生活様式とすべきではなかろうか。定年後の物見遊山は、経済活動を優先する社会から、遊びを生きがいとする、ゆとりの社会に変える手始めとなるに違いない。

おわりに

信鴻の日記に関心を持ったのは、六義園で植物について質問されてからです。園内植物の全容を知らずに六義園を語るのは造園家として恥ずかしいので、本気で『宴遊日記』を読みました。また、江戸時代の椿を調べた時、椿に関する記述とともに、信鴻が江戸市中を見歩く記述に興味が引かれました。さらに、信鴻が六義園で繰り広げた今で言うガーデニングの記録も、当時の状況を知る貴重な資料であります。中でも野菜栽培についての記述には驚かされました。

野菜作りに精を出すのは体裁が悪いと思ったのか、武士が書いた日記や手紙類はたくさん残っていても、野菜栽培についての記述は意外に少ないです。珍しい例として、国学者の平田篤胤《ひらたあつたね》が、秋田に単身赴任していた折、根岸に残した家族から胡瓜、芋、白瓜などが上作だという知らせを受け取り、返事に「メデタシ」と書き送っています。また秋田にはなかった薩摩芋を植えて実らせ、味もよく喜んで食べたことを書き残しています。

二〇二〇年は、新型コロナウイルス感染症により、全ての活動が制限されました。外出自粛を受けて自宅での野菜作りが今静かなブームとなっています。定年後の趣味として、旅行と共にガーデニングはますます人気が高まるでしょう。なかでも野菜作りは、実益を伴うことから盛んになること請け合いです。そこで、江戸時代に戻って「大名の定年後　お花と野菜作り」と題し、機会があれば書きたいと思います。

本書は『環境緑化新聞』に載せたものを再編し、加筆したものです。このような本を書くことができたのは、右も左もわからぬ時代から、研究や仕事の仕方までご指導いただいた塩田敏志氏（元東京大学農学部教授）、また仕事だけでなく私的にもお付き合いいただいた平野通郎氏（東武緑地株式会社代表取締役社長）などのお蔭です。また、本書を書くにあたり、青柳加寿子氏に助言や資料提供などの協力を頂きましたこと。さらに、出版へのお力添えをいただいたノンフィクション編集部の中西恵子氏、私の統一感に欠けた文章を分かりやすくなるようにしていただきました塚本雄樹氏には深く感謝いたします。

物見遊山関連の年表

安永二年 1773年	二月十日	明日初午ゆへ昨日より街中鼓声終日譟（喧）噪
	三月五日より	牛島長命寺辨財天開帳
	三月十日	上野凌雲院失火
	三月より	回向院境内、一言観音開帳
	三月	高輪庚申堂書画金剛開帳
	三月二十日より	深川八幡で勧進相撲
	四月午日	築地小田原町浪除稲荷祭、町々出し練物等出す、其後休む
	四月より	相州江ノ島上の宮辨財天開帳、江戸より参詣多し
	四月より	洲崎辨財天開帳
	四月より	真先稲荷明神開帳
	五月	葛西京厘寺日限観世音開帳
	七月朔日より	湯島社地にて、摂州四天王寺聖徳太子開帳
	七月	三座で『聖徳太子伝』の狂言、大当たり
	十月	素人相撲興行での、木戸銭徴収を禁止
	十月廿九日より	本所一ツ目八幡宮で勧進相撲

	十一月十七日	浅艸へ行、群集也（略）豆蔵鞠茶婉・豆陶小刀をとる手つまを見
	十一月廿八日	浅草へ行大賑、罌粟助豆蔵を見
	十一月	中村座で『御攝勧進帳』初演大入り
	十二月十六日	（浅草）明日市故、弘徳寺前より浅草迄仮鄽を作り大騒擾
	十二月十八日	女坂（湯島）より上野へかへる人群集
	十二月朔日	神田明神社仮殿にて、祭禮の式執行
	この年の事象	○江戸中にて三月より五月まで凡十九万人疫死といふ、大方中人以下なり、御救として朝鮮人参を給る ○冬、嚴寒川々の氷厚く、通船自由ならざる由にて、諸物の價甚貴かりし ○深川元木場材木町の金七が三十九貫二百匁の力石を持ち上げ向島三囲神社に奉納
安永三年 1774年	一月三日	大師参詣（上野）（略）人叢分かたし（略）それより浅艸まで塗中大群集
	一月十八日	（上野）感応寺の寺内大師へ参る、人群集婦人も出る（略）浅草へ行（略）寺内人叢分かたし
	二月八日	川口善光寺阿彌陀如来開帳（筠庭云、二月十一日より四月十一日迄なり、道に博戯多く大に繁盛せし）

三月三日	大師谷中口蓮光院人叢分かたし、殖木数百本出
三月廿六日	飛鳥山花見（略）途野人等多く風流ならぬ（略）道行人群集
四月朔日より	大師河原平間寺弘法大師中瀬稲荷回向院にて開帳六月廿一日迄
四月三日	川口善光寺（略）参詣の帰、群集　辻博奕数所、本堂霊宝開帳、堂左に霊宝場有
四月四日より	本所表町本久寺祖師開帳六月八日迄
四月八日より	木下川薬師如来開帳五月十八日迄
四月十三日より	深川八幡で勧進相撲
四月十八日より	浅草寺観世音開帳六月八日迄
四月同日より	浅草寺内日音院雨宝童子、松壽院おたふく辨財天腹籠像開帳
四月	両国に「放屁男」の見世物、日々見物人が押し合う
四月	永代寺内丈六観世音腹籠佛開帳
四月	西門跡御對面所にて、信州埴科郡白鳥山康楽寺、圓光大師御影、親鸞上人木像開帳
四月	二本榎廣岳院にて、仙臺往生寺變牛済度圓光大師開帳
四月	六阿彌陀末木観世音開帳
四月	三番西が原無量寺観世音開帳

四月	浅草池の妙音寺辨財天開帳
四月	深川八幡で勧進相撲
五月十六日より	龜戸天満宮開扉
六月	山王権現祭礼
六月	小石川傳通院山内、福聚院大黒天、夏の頃より江戸中へ講中と結んで、甲子の参詣、今年より始る六月八日迄
七月朔日より	護國寺本尊、如意輪観世音開帳
七月同日より	小石川大塚大慈寺、観世音開帳
七月十七日	吉原（略）大ニ群集人叢分難し（略）人形からくり・屏風ついたてなと思ひ〳〵の燈籠也
七月	住宅密集地での花火禁止
八月十九日	護国寺（略）塗中人行多し（略）大群集（略）葭囲軽業三絃太鼓囃し（略）曲馬
七月?	中村座で『仮名手本手習鑑』大当たり
八月	浅草日輪寺で毎月十日に能狂言が催され見物人で賑わう
八月	市谷八幡宮祭禮、練物等出る
八月	杉田玄白などによる『解体新書』が刊行

	九月朔日より	市谷八幡宮内、茶の木稲術開帳
	九月廿日	真土山聖天宮祭禮、神輿を渡し産子の町より出し練物を出す、其後休む
	九月廿一日	小石川白山権現祭禮、神輿を渡し町々より山しねり物を出す
	九月	深川釣銭座止
	九月	医學館講堂成就す
	十月十日	雑司谷へ行（略）、塗中賑也、寺こ飾物多し、人群集
	十月同日より	深川八幡で勧進相撲
	十月廿八日	薬研堀不動へ行、人叢分難し、左右植木鄽（略）堺町・ふきや町看板を見る 人鰒の如し
	十月	隅田川に大川橋（吾妻橋）を町人らが架設
	十一月	森田座で『一ノ富突顔見世』大当たり
	十二月	厳冬で川が凍り、通船の障害に
	この年の事象	○投扇の戯行われ、貴賤是を弄べり ○岡場（私娼）六十余ヶ所
安永四年 1775年	一月廿一日	風神門内鳥取侯西台観式参詣人群集
	一月	中村座で『垣衣恋写絵』仲蔵の大日坊と葱売り所作大評判

二月廿五日	加賀前より油島参詣人叢分かたし
三月十三日	浅草群集、三囲参詣、野遊の人多し
三月十七日	回向院にて、京清水圓養院開帳千手観世音開帳
三月廿二日より	深川八幡で勧進相撲
三月廿九日より	渋谷長谷寺にて、京音羽山清水寺奥院、千手観世音開帳
三月	大井來福寺、櫻樹を栽繼く
四月朔日より	神田上水源大盛寺、井頭辨財天開帳
四月廿五日	油島参詣（略）群集分かたし、花屋左右に盈つ
四月	津久土明神、八幡宮開扉
四月	浅草寺日音院内で富籤同様の籤取で疱瘡の守札を領布した者が江戸払い
四月	芝切通し時の鐘再興
四月	龜戸聖廟に、楼門建
四月より	目黒明王院にて、鎌倉杉本寺観世音、同岩殿寺観世音、同寶戒寺観世音などの開帳
五月十七日	龍興寺開帳
五月廿五日	油島へ行、群集分かたし
七月より	回向院にて、伊豆三島長圓寺、富士山本地阿彌陀如来開帳

七月	回向院にて、相州箱根塔峯阿彌陀寺、弾誓上人本地諸國光明佛開帳
七月	市谷柳町高徳院観世音開帳
八月十三日より	深川八幡宮開帳晦日まで
八月廿二日より	護國寺山内にて、秩父三十四番観世音不残開帳
八月	茅場町薬師境内にて、相州萩野法界寺、朝日如来開帳
八月	浅草寺境内で、薩州から来た山嵐《やまあらし》が見世物
九月朔日より	音羽町九丁目川中八幡宮開帳
九月同日より	飯田町世繼稲荷、天満宮開帳三十日まで
九月十九日より	牛込赤城明神開帳
九月同日	護国寺開帳へ行、賑なから大群集にハ非す
九月	薩摩座で浄瑠璃『恋娘昔八丈』初演し大当たり
十月十七日より	深川八幡で勧進相撲
十月廿五日	油島（略）天神の門（略）群集分かたし（信鴻、柊うへ木を買ふ）
十一月	市村座で『親船太平記』大当たり千秋楽まで大入り
十一月	森田座で顔見世『菊慈童酒宴岩屋』大当たり
この年の事象	○大川中洲築立地へ家續、町名を三股富永町と号し、川辺に葦簀囲ひの茶店をかけ並べ、夏月納涼殊に繁く、絃歌昼夜に喧し

安永五年 1776年		○恋川春町黄表紙『金々先生栄花夢』刊行（黄表紙の始め） ○浅草寺境内石地蔵尊が流行りだす ○投壺の技が流行
	一月廿五日	油島（略）聖廟拝礼、人叢分かたし
	一月廿八日	柳島法性寺妙見宮開帳
	二月十五日	浅草参詣、山門あき参詣夥し
	二月十八日	御堂うちより浅草参詣群集夥し（略）柳島法性寺妙見山（略）開帳賑也
	二月	「お駒風」という風邪流行
	三月	市村座で『助六所縁はつ桜』大当たり
	三月	中村座で『恋娘昔八丈』大当たり
	三月	三月末より秋の始まで、麻疹流行、人多く死す
	五月朔日より	矢口新田明神、本地十一面観世音開帳
	五月同日より	永代寺にて、六郷羽田辨財天開帳
	五月六日より	回向院にて、伊勢白子観音寺、子安観世音開帳八月八日迄
	五月	堺町楽屋新道で女の力持ち興行（草紙『力婦伝』発行）
	六月十五日	不動阪に万燈やたい有て大に群集す、天王祭也

	六月	山王権現祭礼
	六月	中洲新地に天鵞絨《びーどろ》細工の見世物、人気
	七月朔日より	永代寺飛来八幡宮開帳
	七月	市村座で『菅原伝授手習鑑』大入り
	九月十三日	東叡山瑠璃殿並諸堂御修復釿始
	九月十四日	（吉原）俄祭を見る、未初らす大門内大に群集
	九月	浅草寺境内での水茶屋・団子茶屋の営業が許可
	十月十一日より	深川八幡で勧進相撲
	十月十二日	雑司ヶ谷へ（略）、藪そは辺より群集、鳥居内人叢分かたし
	十一月	市村座で『姿花雪黒主』、だんまりの始め
	十一月	琴・三味線・鍼治・導引を生業とする盲人は全て検校の支配下に
	十一月	平賀源内がエレキテルを完成
	十二月十七日	（浅草市）山下角より大に群集す（略）御堂前より人叢夥し（略）大群集也
	この年の事象	○両国・浅草に羅紗綿《らしゃめん》の見世物
		○中洲新地で南京あやつり再興
		○弁髪坊『江戸遊覧四時遊覧録』（両面摺の初の花暦）刊行

安永六年 1777年	一月廿二日	暁に青山御手大工町焼
	一月	浅草報恩寺、親鸞上人持物の什寶を拝しむ
	春頃	両国広小路に鵜の造り物・とんだ霊宝が見世物、大当たり
	三月十九日	浅草（略）明日より開帳、甚群集（略）みせ物囲諸所に在、女力持友世・竹田繰・軽業力持仙之助等の看板
	三月廿日より	浅草寺観音并境内神佛惣開帳、開基より千百五十年に及ぶと云六月朔日まで
	三月廿四日	浅草群集（略）分かたし、奥山雷獣見せ物・竹田操・馬の相撲・ひいとろ吹有、友世を見んと（略）甚込合
	三月廿五日より	湯島天満宮、本社建立成就に付開帳
	三月	肥前座・外記座の太夫評判
	三月	中村座で『鐘掛花振袖』中村富十郎の娘道成寺大入り
	三月	目白新長谷寺境内、観世音開帳
	三月	浅草唯念寺、稱念寺、溜池澄泉寺にて七日づつ下野高田天拝一光三尊開帳
	三月	博奕（富突・福引・福富など）厳禁
	四月朔日より	回向院開山護念佛、備中千體佛阿彌陀如来、境内藁苞并に辨天、一言観世音開帳
	四月同日	青山善光寺一光三尊彌陀仏開帳

	四月六日	浅草大群集（略）見せ物七色娘人魚羅沙緬（略）友世見せ仕廻（略）乞食相撲
	四月同日	両国へ行、とんた霊宝と幟出したる見せ物を見る、人叢分かたく木戸込合ふ、干魚・貝物等にて三尊弥陀（略）等を作り（略）廻向院へ行、備中千体弥陀開帳の幟を立、南側に仏像あまた開帳
	四月七日より	深川八幡で勧進相撲
	四月八日より	龜戸社内花園明神開帳
	四月より	下谷寺町蓮城寺祖師開帳
	四月三十日	五条の天神開帳ゆへ立寄、甚賑し、神子名代ゆへ神楽上るを見る
	四月	渋谷長谷寺二丈六尺観世音、腹籠の像、其外古佛霊寶開帳
	四月	橋場不動院不動尊開帳
	四月	中野法仙寺不動尊開帳
	四月	芝金杉庄正傳寺にて、牛込寺町久成寺船寺祖師開帳
	四月	下谷五條天神天満宮開帳
	四月	愛宕山圓福寺にて、出羽湯殿山黄金堂玄良坊、佐久間おたけ大日如来開張
	四月	麴町平川天神内にて、北澤淡島明神虚空像菩薩開帳
	五月	農民の江戸での出稼ぎを制限

六月より	本郷丸山興善寺祖師開帳
七月十六日	巣鴨真澄寺（略）斎日、途中甚賑し、門前より左右菓子売列居、門内大群集難押分
七月	森田座で『奉納新田大明神』かくし狂言大当たり
八月十五日より	回向院にて、江州粟津義仲寺木曾義仲朝臣守本尊朝日彌陀如来、芭蕉翁像開帳
九月十八日	第六天うち通りをぬけ浅草へ行、途中近年の群集（略）浅草へ行、群集分かたし
九月	両国の見世物小屋から狼が逃げ出し、市中が騒然
十月	深川八幡で勧進相撲
十月	目白不動尊内で武州多摩郡谷保天神開帳
十月十六日	目白にて菅公二男道武卿作の天満宮開帳へ行、参詣多し
十一月三日	谷中門内林光院此頃普請成就ニ而大師参人叢分難し、大師参詣、途中群集
この年の事象	○「大通（遊里事情や遊興に通じている）」という言葉が流行 ○細工見世物が当たったので、両国に三ヶ所・上野山下に二ヶ所も見世物興行

安永七年 1778年	一月三日	湯島へ行、途中礼者多し（略）中町より山下弘徳寺（略）途中市の如く群集
	一月十八日	塗中群集夥し、風神門わき太神宮へ詣、行人熱閙押分難し（略）芥子蔵鉄輪を切を少し見（略）帰る塗中猶群集
	一月	中村座で『國色《かいどういろ》和《やわらぎ》曾《そ》我《が》』大当たり
	二月朔日より	（浅草）本善寺にて佐渡国塚原根本寺龍燈祖師開帳（略）甚群集押分かたし、外に祖師まん陀羅・菅家御自画之像・銅仏・鬼子母神等あまた有
	二月三日	初午（略）稲荷橋稲荷参詣、甚群集（略）日比谷稲荷参詣、甚群集
	二月	森田座で『妹背山婦女庭訓』「山の段」大当たり
	二月	小伝馬町千代田稲荷開扉、霊宝数多出して拝せしむ
	二月十二日	俄に大風起り、本石町より出火、霊岸島深川迄延焼
	三月廿一日	日暮へ（略）遊人多し（略）弘徳寺前群集、観音参詣、大に群集
	三月廿五日より	椛町平川天満宮開帳
	三月廿七日より	相撲興行の日数、昔は晴天八日成しが、深川八幡宮境内において興行ありしより、十日と成し由、我衣に見えたり
	三月	烏森稲荷明神、春日明神別当快長院開帳
	三月	上野清水堂観世音本堂造立に付、開帳
	三月	三田春日明科開帳

四月朔日より	牛込圓福寺にて、京本満寺祖師開帳
四月同日より	護國寺にて、甲州大聖院不動尊新羅三郎像武田信玄像開帳
四月七日	平安本満寺日蓮の開帳へ行参詣（略）七軒寺町宝龍寺（略）多門院毘沙門開帳
五月	中村座で『二人与作』、烏山検校事件を仕組み評判
六月朔日より	御蔵前八幡宮にて、駿州富士裾野曾我八幡宮曾我兄弟の像、荒人神玉渡明神開帳
六月同日より	御船蔵前南都大佛勧進所出世大黒天開帳
六月同日より	御船蔵前中央寺大日如来開帳
六月同日より	回向院にて、信州善光寺頭陀如来開帳。此時、開帳繁栄して詣人群をなす、暁七時より棹の先に挑灯多くともしつれて、高聲に念仏を唱へて参詣するもの多し。平賀鳩渓、烏亭焉馬が求によりて工夫をなし、小き黒牛の背に、六字の名號をあらはし、見せものに出して利を得たりといふ、又鯰江源三郎、古沢甚平といふもの、細工にて飛んだ美宝と號し、あらぬ物を見立て、仏菩薩などの形に作りたる見せもの、鬼娘といえる見せものなど、いづれも見物多く賑ひしとぞ、閏七月十七日迄
六月十五日	祭帰りにて賑也、須田町辺甚群集（略）今川橋にて祭帰りの屋台畳みたる牛

	車に行違ふ
六月廿三日より	多田薬師内にて、武州十條村真光寺正観世音光智法印像開扉
六月廿九日	廻向院開帳　善光寺如来参詣（略）両国橋群集（略）裏門へ入、甚群集
六月	高輪如来寺にて、常陸國鹿島郡子生神宮寺辨財天開帳
六月	流行正月が行われる
七月朔日より	芝愛宕祀地にて、千佳勝専寺鷲大明神開帳
七月同日より	湯島社地にて、武州埼玉郡野島地蔵尊開帳
七月八日	北割下水花巌寺、薬師如来開帳
七月十六日より	浅草清水寺、千手観世音本堂建立成就に付、開扉
七月廿二日	廻向院（略）両国より群集昔日の如し（略）内陣にて拝し　涅槃尊像を礼す、群集夥し
七月廿八日より	浅草寺中智光院にて、信州善光寺越村往生寺、苅萱感得彌如来、苅萱影、親子地蔵尊開帳
七月	牛込七軒町多門院、三身毘沙門天開帳
七月	三田寺町慈眼寺、糸引正観世音中将姫蓮糸にて織給ふ所なり開帳
七月	浅草寺中壽命院妙見宮、本堂坦立入佛に付、開扉
七月	伊豆大島三原山噴火、灰が降る

	七月	下落合村薬王院、釈迦如来開帳浅草清水寺開帳
	八月廿五日	亀戸天満宮祭祀、御輿行列古例の如く、又産子町々出し練物等出で賑ひ大方ならず、基後中絶
	八月同日	湯島参詣（略）善光寺見送にて塗中群集
	十一月七日より	深川八幡で勧進相撲
	十一月十八日	浅草参詣（略）明王院（略）甚群集（略）車坂より下り塗中賑也（略）参詣、内陣にて拝す、閣上大熱鬧
	十一月廿五日	広徳寺前より御堂参群集難分、御堂中熱鬧、湯島参詣、甚群集
	十一月	森田座で『伊達錦対将《ついのゆみとり》』大当たり
	十二月十七日	浅草の市（略）御堂前より熱鬧、大神宮門より甚込合（略）淡雪門より甚込合
安永八年 1779年	一月五日	上野中より塗中甚賑也（略）浅草甚群集
	一月廿七日	浅草参詣（略）今日参詣夥し
	一月	森田座で『江戸名所緑曾我』初演
	二月七日	浅草参詣（略）車坂塗中彼岸参多し（略）浅草人鬧分かたし
	二月十八日	山中も大師にて甚熱鬧道分かたし（略）浅草迄塗中大群集

三月十六日より	深川御船蔵前八幡で勧進相撲
三月	根津権現境内にて、御族所御本地観世音開帳
三月	川崎平間寺厄除弘法大師本堂修復成就に付、開扉
四月五日	根津廻る、参詣賑也、社内に車に屋台しかけ太鼓・すり鉦打、人群集
四月八日より	浅草本法寺にて、新・曾妙順寺祖師釈迦如来開帳
四月同日より	回向院にて伊勢朝熊岳金剛證寺、虚空菩薩開帳
四月同日より	浅草榧鎮守、能野本地彌陀如来開帳
四月九日	浅草参詣（略）弘徳寺稲荷幟立賑也（略）塗中賑也（略）風神門内甚群集
四月十二日	廻向院へ行（略）両国より群集、去年如来開帳の如し、人にもまれ行
四月	押上最散寺、蒙古退治旗寂曼荼羅を拝せしむ
四月	下谷徳大寺、摩利支天開帳
四月	七月迄、百日の間、相州江ノ島本宮岩屋弁財天開帳、江戸より参詣多し
四月	目黒不動尊内にて、信州水内郡石堂村萱堂寂照房作地蔵菩薩開帳
四月	愛宕山内にて、浅間山虚空菩薩並に、中段鬼神堂地蔵菩薩開帳
五月十六日より	御船臓前勧進所にて南都東大寺二月堂観世音開帳、廿九日迄
六月八日より	茅場町薬師内にて、武州下新座村東明寺吹上観世音開帳
六月	湯島天神社地にて、多摩郡谷古田領新里徳性寺、薬師如来不動尊開帳

八月より	深川八幡宮本地愛染明王開帳
八月三日	仙台河岸伊達邸での花火を橋から多数見物（欄干が落ち死傷者出る）
八月廿五日	大風雨洪水、和泉橋落、日向下水浴掛樋の岸廿間程崩
八月廿八日	（本郷通り）町中幟建目赤縁日にて大挑燈出す
八月	小石川無量院で小野小町九百年忌の法事修行有
八月	内藤新宿に五十軒の下宿茶屋株
八月	薩州侯、品川の前邸へ、琉球産の笋を始で植らる、諸人これを珍賞す
九月十五日	牛御前祭鐙、御輿を渡し産子町々より、出しねり物を出しけるが、其後中絶
九月	神田明神祭礼
九月十六日	神田参詣、人叢夥敷、祭に出し児輩数多来る
九月十八日	谷中門より内群集（略）浅草も甚群集（略）山下へ出、塗中甚賑也
十月十四日より	深川八幡で勧進相撲
十月十七日	広徳寺（略）寺内参詣多し、太神宮前（略）参詣夥し
十一月十五日	神田明神前より髪置、帯鮮にて大群集熱閙難分
十一月廿五日	広徳寺前塗中甚群集市の如し、御堂内大熱閙（略）出報恩寺裏門（略）も甚込合
十一月	中村座で『帰花英雄太平記』三座一番の大入り

	十一月	森田座で『倭歌《うた》競《くらべ》当世《とうせい》模様《もよう》』大当たり
	十一月	団十郎が中村座へ、幸四郎が市村座へ移る
	十一月	柴又題経寺本堂修復中に帝釈天坂本尊が出て、その日を庚申の日とし縁日となり参詣人多し
	十二月十八日	（上野）山内大師にて賑し（略）山下より大群集ながら押合程にハなし（略）風神門より熱閙例の如し
安永九年 1780年	一月九日	浅草参詣（略）風神門内群集
	一月廿五日	湯島甚群集（植木市）
	一月	薩摩座で『碁太平記白石噺』初演
	二月十五日	涅槃会（略）谷中通観善寺火除不動尊入寺参詣群集（略）塗中惣而行人賑し（略）浅草参詣甚群集（略）両国へ出、橋上人群集
	二月十八日	下寺宝勝院大師参詣、近年の大群集（略）爰より浅草迄行人市の如し
	三月朔日より	湯島天神社地にて上野良田村総持寺、十一面観世音開帳
	三月同日より	市谷柳町光徳院、千手観世音開帳
	三月同日より	池の妙音寺祖師開帳
	三月十六日より	氷代寺にて葛飾部吉川延命寺、地蔵尊開帳

三月	深川卅三間堂で勧進相撲
三月	麻布善福寺、冠櫻聖徳太子開帳
三月	千駄ヶ谷八幡宮、神功皇后、春日明神開帳
四月朔日より	回向院にて目黒祐天寺阿彌陀如来、祐天大僧正真影開帳
四月同日より	浅草西福寺、無量壽佛開帳
四月同日より	極楽水光圓寺元木薬師開帳
四月二日	浅草（略）参詣甚多し（略）車坂門より入る、山内群集
四月十五日より	亀有村祥雲寺聖観世菩薩、深川寺町恵然寺にて開帳
四月十六日	廻向院開帳へ行、群集也（略）目黒祐天寺本尊如来（略）人叢分かたし
四月同日より	羅漢寺三匝堂建立、八月の頃成就
四月	目白不動尊開帳
四月	浅草天王橋西の橋始て掛る
五月	高田寶泉寺境内に、石を積て、富士山を築
六月朔日	（駒込）富士祭（略）富士甚群集
六月	山王権現祭礼
六月	大雨降續き、江戸近在利根川、荒川、戸田川洪水、村々人家を流し、永代橋、新大橋落る

	七月朔日より	回向院にて、丹後天橋立成相寺、聖観世音對王丸身代地蔵尊帳
	七月	人家密集地での花火禁止
	九月十八日	浅草参詣（略）角明静院太師参詣、甚群集（略）途中大群集（略）風神門内人叢分難し
	九月廿五日	湯島（略）聖廟（略）参詣群集
	九月	市村座で『山姥四季英』大当たり
	九月	中村座で『仮名手本忠臣蔵』上演、元文五年の『矢の根蔵』を修復し『忠臣蔵』と呼ぶ、大入り
	十月十三日	護国寺内より群集
	十月十九日より	芝神明社で勧進相撲
	十月廿六日	材木町より葺屋町群集分かたし
	十一月廿四日	山下より大群集市の如し（略）御堂内大熱閙（略）浅草御縁日の如く甚賑也
	この年の事象	○数年来、江戸で子供の遊びにむくろんげ流行
安永十年 1781年	一月十八日	凌雲院大師へ詣、大熱閙人叢分かたし（略）清水参詣、山内（上野）群集
	一月	大火で中村座・市村座焼失
	二月朔日	浅草参詣（略）本堂にて談儀、参詣賑し

二月同日より	浅草妙音寺にて鎌倉名越谷長勝万寺祖師開帳
二月十五日より	回向院にて、下總小金竹一月寺釈迦如来不動尊開帳
二月廿六日	上野今日御成後参詣甚多し（略）（浅草奥山）参詣甚多し（略）塗中甚賑也（略）街道群集（略）両国より人叢分かたし、廻向院（略）甚熱閙（略）本堂も人叢
三月朔日	槌屋雛鄽江行、甚見物多し（略）十軒店へ（略）塗熱閙分かたし、通り左右鄽のうしろより人にもまれゆく
三月五日より	市ヶ谷長龍寺で勧進相撲
三月九日	浅草参詣（略）塗中賑也（略）寺内甚群集
三月十一日より	多田やくし・沼田延命寺にて、信州善光寺四回如来御命文内拝
三月十五日	上野内山桜満開（略）塗中賑也、十八日浅草三社祭礼（略）風神門内（略）賑也、甚群集
三月十八日	浅草三社権現祭禮久しく絶たりしが、今年神輿乗船、産子の町々より出し、練物を出す、其後久しく中絶す
安永年間の事象	○王子、駒込、谷中一帯で西国写観音札所巡りが定められる ○二十五箇所の円光寺大師巡拝所を定める ○会話体の江戸小咄が全盛

		○十八大通もてはやされる ○はやり物、大仏餅・軽焼・蕎麦切・しっぽく・田楽・生簀鯉・御所おこし・鮨・煎餅・蕎麦切豆腐・浅草餅等々
天明元年 1781年		
	四月三日	谷中通上野中賑也（略）下寺真覚院大師参詣、甚群集（略）竹町広小路へ出植樹を見る、人叢熱閙
	四月八日	回向院にて、山城嵯峨二尊院彌陀釈迦圓光大師開帳
	四月	浅草本法寺にて、下總國平賀本土寺祖師開帳
	四月	茅場町薬師内にて、和州大峯天の河辨財天開帳
	四月	古川薬師如来開帳
	四月	鮫が橋崇源寺にて、甲斐國郡内小明見村西方寺十一面観世音開帳
	四月	目白不動尊境内にて、武蔵惣社住吉和歌三神開帳
	四月	堀之内妙法寺、参詣人群集する
	四月	深川永代寺勧進相撲で、谷風梶之助や小野川喜三郎らが活躍
	四月	浅草寺境内の石地蔵尊流行、祈願者多し
	五月	将軍、白木書院で宝蔵院流槍術を観覧
	六月五日	淺草第六天祭禮神輿、出し練物出る

六月十八日	四谷天王稲荷祭禮、神輿を渡し出し練物出る
六月同日	大慈院両太師参詣（略）群集（略）（浅草）堂上群集如常
六月	中村座で『操歌舞伎扇』、中山宗十郎・尾上松助両人の中役者十四、五人相手の操狂言、大入り
七月朔日より	回向院にて、奥州外濱百澤寺岩本山三社本地彌陀如来観音菩薩薬師如来開帳
七月同日より	浅草玉泉寺にて、上武州八王子本立寺祖師開帳
七月同日より	湯島社地にて、北野社司内安置天満宮開帳
七月同日	土物店通り湯島開帳にて賑し（略）開帳場甚熱閙
七月十九日	浅草賑也
七月	市村座で『室町殿栄花舞台』大当たり
七月	四ッ谷南寺町眞成院鹽踏観世音開帳
七月	東叡山護國院、常念佛堂五萬日回向
七月	下谷徳大寺にて、中山法花經寺祖開帳
七月	暴風雨で隅田川出水
八月廿一日	浅草参詣（略）誓願寺（略）寺内賑なり（略）芥子之助鉄輪切を立なから見る
八月より	浅草寺荒澤不動尊開帳

	九月十三日	三島町神明北辻（略）人群集（略）神明参詣、人叢分難し（略）今川橋に祭の屋台出し等（略）甚群集、祭の繰子（略）行かふ
	九月十七日	浅草参詣（略）塗中神田祭の子ともけいこ等数多通る（略）寺内群集
	九月	神田明神祭礼（各所で喧嘩、湯島で同心が頭を割られ、三河町で群集に大小を奪われる）
	九月	吉原伏見町より出火、（略）仮宅なし
	十月十三日	日蓮上人五百年忌、法花宗寺院法筵を設く
	十月十八日より	回向院の大相撲、晴天十日となり前代未聞の大盛況
	十月廿日より	浅草寺観世音開帳、十一月五日迄
	十月廿六日	浅草開帳（略）塗中甚群集（略）甚熱閙
	十一月廿七日	浅草参詣（略）塗中大に群集（略）観音拝す、大に熱閙
天明二年 1782年	二月十一日より	浅草八幡で勧進相撲
	二月廿七日	浅草参詣（略）芥子蔵床机にて見る、甚群集（略）榧八幡参詣（略）参詣顆し
	三月二日	雛市（略）桃桜満開（略）十軒店西角舟月雛鄽（略）甚群集
	三月十一日より	永代寺にて、鶴が岡八幡宮本地愛染明王、頼朝公髻観世音開帳

三月十五日	浅草美濃谷汲観音参詣（略）塗中甚賑し（略）風神門内大熱鬧（略）観音参詣（略）大群集
三月同日	浅草寺念佛堂にて、美濃谷汲華厳寺十一面観世音開帳
三月同日	回向院にて、奥州金花山辨財天開帳
三月	芝金正傳寺にて、中山智泉院鬼子母神開帳
三月	茅場町薬師内にて、北澤淡島明神開帳
四月朔日	浅草参詣（略）塗中甚賑し、風神門内熱鬧
四月五日	湯島開帳遠州真正寺観世音
四月十九日	浅草（略）参詣群集
六月	山王権現祭礼
六月十七日	浅草大群集
七月朔日より	回向院にて、武州比企郡三保谷村養竹院千手観音開帳
七月十五日より	下谷正法院内にて、上州舘林光明寺阿彌陀如来開帳
八月十四日	品川歩行新宿に、三味線弾きなどの芸者を呼び寄せることが許可
十月十五日より	深川八幡で勧進相撲
十二月十七日	浅草市（略）明石反畝町へ入て群集（略）奥山人叢（略）群集分かたし、湯島女坂（略）聖廟（略）人叢中塗甚あしく

	十二月	市村座、借財のため困窮し休座
	この年の事象	○護國寺山内を切ひらき、西國卅三所寫觀音堂建立
天明三年 1783年	一月十二日	浅草（略）観音参詣、今日群集
	二月より	吾妻森妻権現開帳
	二月廿日より	亀戸天神普門院正観世音開帳
	二月廿五日	浅草群集（略）山下へ出途中甚賑也（略）女坂下（略）人叢分かたし、聖廟大群集
	三月十四日より	下谷正法院稲荷并本地十一面観世音開帳
	三月十五日	浅草誓願寺歯吹彌陀如来開帳
	三月同日より	回向院にて、鎌倉永谷貞昌院天満宮法性坊本地観世音開帳
	三月十八日より	浅草寺観世音開帳、六月八日迄
	三月同日より	駒形堂にて下總國東三井寺地蔵菩薩開帳
	三月十九日	谷中門内より群集（略）塗中群集、広徳寺稲荷開帳へ立寄、参詣多し（略）人叢分かたく風神門内市の如し
	三月廿八日より	深川八幡で勧進相撲
	三月より	浅草本法寺にて、駿河岩本実相寺祖師開帳

三月	中村座で『花川戸身替りの段』大当たり
三月	青山善光寺彌陀如来開帳
三月	浅草報恩寺親鸞上人遺物拝せしむ
春頃	葺屋町河岸観場で早崎京之介の竹軽業興行、大当たり
四月朔日より	湯島圓満寺十一面観世音五大尊開帳
四月同日より	浅草寺町柳稲荷本地十一面観世音開帳
四月同日より	浅草日輪寺にて、奥州曾津西光寺日限地蔵尊開帳
四月同日より	下谷五條天神天満宮開帳
四月五日	山下より塗中大熱閙群集分かたし、広徳寺開帳（略）女人形からくり有（略） 報恩寺親鸞上人六十三歳御影開帳（略）風神門内大熱閙、市の時の如し（略） 観音参詣（略）群集
四月八日より	芝愛宕権現境内にて、下総國米倉山等妙寺十一面観世音開帳
四月廿日	田原町より（略）群集（略）内陣開帳前にて一盃人群集（略）熱閙
四月	市村座で『寿万歳』など大入り、日延べ
四月	森田座で『鏡山旧郷錦絵』大当たり
五月三日	谷中口元光院太師参詣（略）山内群集（略）観音大士拝す（略）群集（略）粟 餅をつく所群集

五月十八日	太師縁日ゆへ人叢大熱鬧（略）塗中上野より人叢続と（略）清水門外にて千垢離の幣を大勢振行
六月十五日より	湯島社内にて、小日向茗荷谷明照寺地蔵尊、聖徳太子不動尊開帳
六月	市村座で『仮名手本忠臣蔵』大入り
七月六日	浅間山噴火で江戸に灰が降る
七月十日より	芝愛宕地内にて、本所五ッ目自性院延命地蔵尊開帳
八月廿八日	西原無量寺参詣、塗中参詣賑なり（略）余楽寺参詣、甚賑也
九月八日	護国寺観音（略）参詣余程多し（略）巣鴨東の辻に屋台にて人多く大鼓打居たり
九月十三日	森下町神明前祭前にて幟たて甚賑也（略）鳥居前迄行しに群集
九月十五日より	亀戸妙義山権現開扉
九月同日	神田明神祭礼の時、神主願より御輿を、十番と十一番の間へ渡す事、当年より始まる、是迄は、三十六番の末へ渡しけるが、還輿深夜に及びける故、今年よりかくの如くに成る
九月廿日	浅草参詣（略）薩埵参詣多し
九月	神田明神祭礼
十月廿二日	浅草参詣（略）仁王門へ（略）人叢中

	十月	日本橋から葺屋町、堺町などにかけて大火、市村座・中村座が焼失、市村座は坂東彦三郎の尽力で仮芝居出来る
	十一月四日より	回向院で勧進相撲
	十一月十七日	浅草（略）参詣多し（略）西中町通より御堂裏門へ五囲はかりの大木車にて引込、群集通行ならさる
	十一月	市村座で『初髭奴丹前』大当たり
	十一月	寒中の相撲興行が始まる
	十二月十八日	浅草市（略）人甚少く常よりハ賑ハし（略）風神門内群集なから込ます
	この年の事象	○冷夏で帷子を着る日が少なかった ○天明の大飢饉 ○狂歌大流行
天明四年 1784年	一月七日	浅草甚賑也
	一月廿四日	吾つま橋際地蔵尊百万遍の菓子を往来へ投与ふるゆへ人群集、浅草群行賑也
	一月	中村座で『筆始勧進帳』初演
	閏一月二日	浅草参詣（略）境内賑也
	閏一月廿三日	暁八半時神田鍛冶町二丁目より出火、鍋町、西横町、白壁町、竪大工町、新

		石町一丁目、塗師町焼亡
	二月十八日	山内彼岸桜爛熳人群集、見明院太師熱閙（略）浅草ことに賑ハし（略）観音内陣込合
	二月廿四日	谷中通を行、春遊の行人賑也（略）山中往来の人多し（略）黒門前（略）諸侯参詣多し（略）両国（略）橋上より大群集、（略）廻向院（略）了権現人叢分かたき（略）四天王像（略）甚熱閙
	二月廿六日	今川橋手前にて（略）雛市（略）市中熱閙
	二月より	中の郷如意輪寺聖徳太子開帳四月二十一日迄
	二月	小川町三崎稲荷明帥開帳
	二月	中村座で『景清牢破り』大当たり
	二月	初午、烏森稲荷祭、出し練物る
	三月四日より	回向院で勧進相撲
	三月十五日より	回向院にて相州関本最乗寺道了権現開帳五月五日迄
	三月廿一日	弘法大師九百五十年忌
	三月廿三日	浅草参詣（略）芥子蔵豆と陶を見る、今日甚賑也（略）今日諸侯の世子の忍ひ奥方なと多く見掛る
	三月廿四日	護国寺甚賑し（略）弘法開帳（略）参詣多し（略）霊宝観音等有、甚込合ふ

三月	葛西花又村正覚寺鷲大明神開帳
三月	川崎平間寺弘法大師開帳
三月	護国寺護持院弘法大師遠忌に付、什物開扉
三月	永代寺にて、山城宇治平等院懸社本地如意輪観世音開帳
三月	牛込圓福寺にて、中山法花経寺本堂祖師開帳
三月	浅草本法寺にて、佐渡雄太郡小濱村妙宣寺祖師開帳
三月	龜戸天満宮開扉
四月十六日	丑下刻、吉原水道尻より出火、廓中焼亡
四月より	千駄谷鬼子母神開帳
四月より	深川霊雲院にて、京泉涌寺釈迦如来付佛舎利開帳
四月	柳橋河内屋で烏亭焉馬が『太平楽之巻』を自演（落噺隆盛のもと）
夏頃	両国に瓢細工十六羅漢の見世物が出る
六月十五日より	湯島社内にて、小日向茗荷谷明照寺地蔵尊、聖徳太子不動尊開帳
六月十六日より	大雨降續、十七日別で大雨、千住、浅草、小石川辺出水、大川、柳橋堕る、 小日向大洗堰石垣崩れ、神田上水切る
六月十九日	浅草参詣（略）並木を下り夜鄽を見る、甚群集
六月	山王権現祭礼

	七月十日	浅草参詣（略）門外より甚賑なり（略）太神宮内より熱鬧市の如し（略）群集
	八月十八日	山内太師参、甚賑し（略）浅草太神宮の内にて天一方せり売の札を取る、参詣甚群集（略）護国院太師参詣、甚熱鬧
	九月十五日より	千住慈眼寺にて野島浄山寺地蔵尊開扉十月十四日迄
	九月十七日	浅草参詣群集
	九月十八日	千住慈眼寺野島地蔵尊開扉へ行（略）道左二十間計入軽業みせ物在（略）感応寺唯今富落しとて堂前熱鬧
	九月廿八日	王子祭見物（略）塗中賑し、権現の橋より内群集熱鬧（略）笠志拝殿（略）見物一杯（略）拝殿の椽側広前大群集
	九月廿九日	祐天寺目黒参詣、（略）本堂拝し御堂廻り（略）参詣熱鬧
	十月十三日	瑞林寺会式（略）瑞林寺群集、飾物例のことし
	十月十八日	浅草参詣（略）水戸侯舘わき甚賑也（略）薩埵参詣群集也
	十月	市村座、借金で芝居を休演、控櫓桐座が仮興行
	十一月十七日	浅草参詣（略）薩埵参詣、群集也（略）大門込合（略）大群集
	十一月廿三日	浅草参詣（略）山下より塗中群集、御堂前より熱鬧分かたし（略）薩埵拝す、参詣夥し

十一月十五日より	回向院で勧進相撲
十一月	桐長桐芝居櫓を改に時、馬揃と云狂言をなす
十一月	東本願寺再建棟上
十二月十七日	浅草市（略）甚群集、寺内熱閙ならす（略）南方欄干より群集
十二月十八日	浅草（略）群集、田原町二丁目より並木、人叢熱閙、風神門内大に込合（略）人昨日より十倍也
十二月廿六日	八代洲川岸より出火、尾張町より木挽町芝居、西本願寺、南小田原町辺迄類焼し、廿七日、源助町辺にて火鎮まる、大小名藩邸町屋に至る迄夥しき焼亡也
この年の事象	○浅草梅園院で源氏流生花千葉竜卜が一世一代の大花会を催す ○春から長雨 畿内・江戸は夏は低温、冬に陸奥に疫病流行 ○諸國飢饉、時疫行れ人多死

図版

図版

図64「根津権現社」『江戸名所図会』斎藤月岑
図65「根津権現」『江戸名所四十八景』歌川広重
図66「湯島天神社」『東都名所』歌川広重
図67「湯島天満宮」『江戸名所図会』斎藤月岑
図68「楊弓」『絵本物見岡』関清長
図69「湯島男坂」『東都名所』歌川広重
図70「湯島」『江戸高名会亭尽』歌川広重
図71「富籤」『江戸名所百人一首』近藤清春
図72「飴売り」『絵本御伽品鏡』長谷川光信
図73「神田明神社」『江戸名所図会』斎藤月岑
図74「神田明神祭礼」『江戸名所図会』斎藤月岑
図75「堺町　葺屋町　戯場」『江戸名所図会』斎藤月岑
図76「芝居　顔見世の図」『東都歳時記』斎藤月岑
図77「十軒店雛市」『江戸名所図会』斎藤月岑
図78「十軒店」『江戸名所百人美女』豊国国久
図79「霞かせき・凧」『名所江戸百景』歌川広重
図80「凧揚げ」『鸚鵡返文武二道』恋川春町
図81「ケルントナートーア劇場」作者不明
図82「護国寺」『絵本江戸土産』歌川広重
図83「護国寺周辺」『江戸名所図会』斎藤月岑
図84「高田馬場」『絵本江戸土産』歌川広重
図85「猫股橋」『江戸名所図会』斎藤月岑
図86「雑司ヶ谷」『絵本江戸土産』歌川広重

図版

装幀◎西村弘美
カバー 「浅草 雷門前」『江戸高名会亭尽』
歌川広重

青木宏一郎（あおき・こういちろう）

1945年、新潟県生まれ。千葉大学園芸学部造園学科卒業。株式会社森林都市研究室を設立し、ランドスケープガーデナーとして、青森県弘前市弘前公園計画設計、島根県津和野町森鷗外記念館修景設計などの業務を行う。その間、東京大学農学部林学科、三重大学工学部建築科、千葉大学園芸学部緑地·環境学科の非常勤講師を務める。現在、和のガーデニング学会会長。主な著書に『森に蘇る日本文化』（三一書房）、『江戸庶民の楽しみ』（中央公論新社）、『江戸の園芸』（筑摩書房）、『江戸のガーデニング』（平凡社）、『江戸時代の自然』（都市文化社）などがある。

大名《だいみょう》の「定年後《ていねんご》」
——江戸《えど》の物見《ものみ》遊山《ゆさん》

2021年2月25日　初版発行

著　者　青木宏一郎《あおきこういちろう》
発行者　松 田 陽 三
発行所　中央公論新社
〒100-8152　東京都千代田区大手町1-7-1
電話　販売 03-5299-1730　編集 03-5299-1740
URL　http://www.chuko.co.jp/

DTP　今井明子
印　刷　大日本印刷
製　本　小泉製本

Published by CHUOKORON-SHINSHA, INC.
Printed in Japan　ISBN978-4-12-005402-0　C0021

定価はカバーに表示してあります。
落丁本・乱丁本はお手数ですが小社販売部宛にお送りください。
送料小社負担にてお取り替えいたします。